TECHNIQUES ET PRATIQUES DE CLASSE

Cynthia Eid • Marc Oddou • Philippe Liria

La classe inversée

Préface de
Marcel Lebrun

Avertissement

Nous ne sommes pas en mesure de garantir la pérennité des liens Internet mentionnés dans cet ouvrage.

Direction éditoriale : Béatrice Rego
Édition : Sylvie Hano
Conception maquette et couverture : Alinéa
Mise en page : Sophie Ferrand
Illustrations : Oscar Fernandez

© CLE International, 2019
ISBN : 978-2-09-038229-7

Sommaire

Préface 7

PREMIÈRE PARTIE
Méthodologie autour des classes inversées 13

Chapitre 1 : Pourquoi les pédagogies actives et la classe inversée en FLE et FLS ? 15
1. Les pédagogies actives : qu'est-ce que c'est ? 15
2. Les pédagogies actives : et si on commençait par le commencement ! ... 16
3. Des axes de pédagogies actives : démarches et techniques actives 19
4. Que retenir de ces différentes théories de pédagogie active pour la pratique ? 23
5. La perspective actionelle en FLE et le lien avec la classe inversée 24

Chapitre 2 : La classe inversée pour les néophytes : une tentative de définition 29
1. La classe inversée, une tentative de définition en quatre temps 29
2. Un bref aperçu historique du concept de classe inversée 33
3. Le dispositif pédagogique de la classe inversée 34
4. Les trois types de classe(s) inversée(s) 36

Chapitre 3 : Que faire à domicile et que faire en classe ? 39
1. Une démarche en deux temps : avant et pendant le cours 39
2. La taxonomie de Bloom, un outil de taille ? 39
3. Comment organiser le travail de groupes en salle de classe ? 42

Chapitre 4 : Quel(s) scénario(s) didactique(s) adopter ? 45
1. Un scénario didactique en trois étapes à l'université 45
2. Un protocole didactique de classe inversée au collège 49

Chapitre 5 : Classe inversée, avantages et limites ? 53
1. Les avantages de la classe inversée 53
2. Les limites de la classe inversée 58

Chapitre 6 : Quels types d'équipements conviennent ? 61
1. Quels types de configuration spatiale de salle en modalité classe inversée ? 61
2. Quels outils numériques au service de la classe inversée ? 63
3. Peut-on faire de la classe inversée sans technologie ? 68
4. Classe inversée, des lieux revisités et une réflexion de l'équipe pédagogique 68

Chapitre 7 : Quels conseils donner aux enseignants-facilitateurs ? 69

Chapitre 8 : Quelle rétroaction et comment évaluer les travaux des apprenants ? 71
1. Qu'est-ce que l'acte d'évaluer dans une classe inversée ? 71
2. Les différents types d'évaluation dans une classe inversée 72
3. La différenciation en évaluation : condition essentielle à la lutte contre l'échec dans une classe inversée 75

Deuxième partie
Mise en œuvre de la classe inversée 79
1. Introduction 80
2. Questions préalables à la mise en œuvre de la classe inversée 80
3. Capsules vidéo et classe inversée 82
4. Méthodologie de conception-réalisation d'une capsule vidéo pédagogique 85
5. La feuille de route de la capsule vidéo 90
6. Publier et partager sa capsule vidéo 91
7. Mutualiser des capsules vidéo et des licences « Creative Commons » 92

Matrice didactique pour inverser sa classe 94
Fiche n° 1 : Jouer avec les chiffres et les couleurs 96
Fiche n° 2 : Création d'une affiche de recommandations
              pour une campagne de sensibilisation 101
Fiche n° 3 : Introduction à la poésie, savoir composer quelques vers simples .. 107
Fiche n° 4 : Compléter une planche de bande dessinée 111
Fiche n° 5 : Parler avec des expressions idiomatiques 115
Fiche n° 6 : Raconter une histoire 121
Fiche n° 7 : Interpréter un chapitre d'une œuvre littéraire 124
Fiche n° 8 : Rédiger un article collaboratif 129

Troisième partie : Entretiens 131
- Entretien avec Nancy Abi Khalil-Dib (Liban) 132
- Entretien avec Géraldine Larguier (Pau, France) 137
- Entretien avec Rodine Eid (Montréal, Canada) 142

Conclusion 146

Les auteurs 148

PRÉFACE

Le livre *La classe inversée* que nous avons eu le grand plaisir et le vif intérêt de lire en primeur apporte, de manière originale, sa contribution à la compréhension de ce que j'appelle volontiers le phénomène précurseur de l'école de demain. L'utilisation du singulier dans le titre, à ne surtout pas considérer comme l'expression d'une certaine normativité, ne doit pas occulter la richesse et la variété de ce concept polymorphe qui s'est largement développé en francophonie depuis une dizaine d'années à peine. L'originalité lui vient d'une part de ses trois parties, l'une davantage conceptuelle, l'autre contextuelle et la dernière plus réflexive et d'autre part de son ancrage disciplinaire dans l'enseignement du français, langue étrangère et langue seconde. Mais tous les enseignants y trouveront certainement matière à réflexion. **Peu importe finalement la « matière », la classe inversée est surtout un état d'esprit.**

C'est ainsi que le livre est structuré en trois parties :

- **la première partie** ancre, dans sa contemporanéité, la notion de « La classe inversée » et ses dimensions en les situant néanmoins au sein de multiples courants qui traversent et fécondent, et parfois depuis longtemps, la pédagogie actuelle. Il y est amplement question de compétences de diverses natures qui, au-delà mais sans ignorer les compétences disciplinaires et normatives, sont rendues nécessaires par l'évolution sociétale dont nous percevons les soubresauts. Aussi, une des particularités de notre monde techno-centré étant la quasi-abolition des périmètres de la présence et de la distance, le livre s'attardera sur cette complémentarité « é-ducative » des activités en classe et hors classe, un prélude justifié par la formation « toute la vie durant » que l'accélération des savoirs de tous genres nous promet.

- **la deuxième partie** présente, au travers de fiches pédagogiques rédigées par des enseignants de français, les multiples combinaisons et circonstances qui sont autant d'occasions, d'occurrences ou de propositions de leçons inversées. Ces véritables canevas d'expérimentation offerts à notre analyse ou à notre action permettront sans nul doute au lecteur de se faire sa propre idée et de dessiner sa propre esquisse de « sa classe inversée ». Comme il se doit dans les pédagogies actives, les thématiques proposées aux élèves sont fortement contextualisées et ludiques en passant par la création d'affiches, la réalisation de bandes dessinées ou encore la découverte des styles poétiques. Les plans de leçons que nous livrent ces enseignants constitueront une mine d'exemples et de ressources pour celles et ceux qui oseront alors davantage expérimenter ces pratiques.

- après les éléments conceptuels et les manifestations des pratiques, **la troisième partie** permettra au lecteur d'approcher le cheminement des enseignants qui se sont progressivement appropriés « cette façon de faire pédagogie » et le cœur des motivations et des intentions de ces derniers. Pourquoi ont-ils décidé de mettre en place la classe inversée ? Comment ont-ils fait et quelles furent les réactions des élèves ? Les obstacles qu'ils ont dû lever ? Et finalement, qu'apporte cette inversion dans les apprentissages et leurs enseignements ? Quels conseils vous donneraient-ils ?

La classe inversée, un phénomène précurseur ?

L'espace réservé pour cette préface ne me permet pas de décrire, d'illustrer, de commenter voire de critiquer d'une part ce besoin d'émancipation auquel aspire le bien dénommé citoyen ni d'autre part, ce concomitant et formidable potentiel apporté par le numérique. Comme nous l'avons souvent fait, nous attirons l'attention du lecteur sur le danger tout aussi réel de la « collusion » entre besoins humains et potentiel des outils : les issues possibles de cette interaction sont aussi bien l'émancipation que l'aliénation et la décision de l'un ou de l'autre appartient aux humains ; le bon vieux Socrate et son *pharmakon* ne nous contredira sans doute pas.

Bien avant « La classe inversée », une autre inversion plus large sans doute, atteignant les secteurs économique, politique, social, les activités quotidiennes et de loisirs... se préparait rendant l'utilisateur, le client, le patient ou encore l'apprenant davantage autonome ou auteur, potentiellement du moins. Certains ont parlé de formes de verticalité (le « maître » devant la classe, l'enseignement *ex-cathedra*...) se muant en formes d'horizontalité (la communauté d'apprentissage, la classe mutuelle...). Ce rapprochement que nous faisons entre émancipation et numérique illustre bien que le dernier, le numérique, n'est pas juste un outil mais un vecteur de progrès humain et que le premier, le devenir humain, ne peut aller sans une véritable maîtrise de l'artefact technologique. Et, pour éviter de sombrer dans la naïveté béate ou l'illusion instrumentale magique, on trouve au bout du raisonnement, le caractère déterminant de « l'école »... On a cru la voir se dissoudre dans la profusion des ressources en ligne, la voici plus forte de retour pour l'éducation des humains comme par une sorte d'effet boomerang salutaire.

Si l'un des buts de l'école reste l'appropriation de compétences fondamentales (lire, écrire, calculer... même si les machines le font déjà), il n'en reste pas moins vrai aussi que les fameuses compétences du XXIe siècle (devenir autonome, exercer son esprit critique, travailler en équipe, communiquer et d'autres relatives au respect d'autrui, aux valeurs...) doivent trouver dans l'école un terrain d'entraînement et d'exercice. Alors, entre béhaviorisme piloté par l'enseignant concepteur de scénario et constructivisme d'un apprenant à qui revient, *in fine* et à lui seul, l'acte d'apprendre, faut-il choisir ? Non, sans doute pas. Au-delà des extrêmes qui nous écartèlent, au-delà des déterminismes conceptuellement rassurants mais humainement restrictifs, en-deçà des approches créatives à tout prix mais parfois dissipatives, des approches systémiques doivent être promues. Entre savoirs et compétences, entre divergence et convergence, entre présence et distance... la classe inversée a choisi... les deux.

La classe inversée, un terrain d'expérimentation pédagogique ?

Dans la première partie du livre, les auteurs nous proposent une série de courants et d'auteurs, tous géniteurs du concept actuel de « La classe inversée ». Allié à la nécessité de développer les compétences requises par cette société numérique qui vient, par cette humanité numérique en construction, ces modèles de pensée et les expériences pionnières de Montessori, de Freinet et de bien d'autres devraient nous rassurer sur la pertinence de la classe inversée. Centrée sur l'activité de l'élève, elle respecte bien le principe d'alignement ou encore de cohérence entre les objectifs visés et les méthodes mises en place. Paraphrasant quelque peu Andréas Schleicher, directeur de la Direction de l'éducation et des compétences de l'OCDE, si on accepte la nécessité de développer de nouvelles générations qui vont être capables d'utiliser des savoirs et des compétences que nous ne connaissons pas encore et de résoudre des problèmes qui ne sont pas encore advenus, alors il faudra bien reconnaître que l'enseignement frontal visant la mémorisation et l'application ne suffira pas.

Mais, certains, issus probablement de la Tribu des grognons, un terme que j'emploie affectueusement tant le regard critique importe devant les enthousiasmes débridés sous couvert de modernité, demandent des preuves, des mesures, des chiffres démontrant, avant expérimentation même, l'efficacité de cette approche, de cette stratégie pédagogique.

Bien évidemment, on nous documentera sur les travaux de Hattie, les démarches de Marzano ou encore le projet « *Follow Through* », des analyses, des méta-analyses voire des méga-analyses qui démontrent la supériorité des enseignements directs, explicites, interactifs, tous menés par l'enseignant... sur les méthodes actives ou collaboratives. Mais sur quoi se basent ces résultats ? Des tests de connaissances voire d'exercices de connaissances généralement, comparaison oblige, basés sur différents types de questionnaires le mieux possible standardisés.

Nous pensons que les méthodes ainsi mises sur le podium sont bien adaptées pour les savoirs qui nécessitent mémorisation, compréhension et application, ce qui, suivant la taxonomie de Bloom, est présenté dans le livre comme les habiletés cognitives de bas niveau. Mais, si les objectifs visés sont ceux que nous avons décrits ici, des habiletés cognitives telles l'analyse, la synthèse, l'évaluation, la pensée critique, la créativité ou des compétences transversales comme le travail d'équipe, la recherche et la validation d'informations... il faudra alors que les évaluations portent sur l'atteinte par les élèves de ces compétences-là et qu'elles soient diversifiées tour à tour formatives, sommatives, critériées et aussi certificatives. Elles porteront tant sur les savoirs mobilisés que sur les projets effectués et interrogeront aussi, apprentissage toute la vie durant oblige, les motivations et les paramètres plus subjectifs des apprenants. Pourquoi toujours vouloir que les apprenants soient tous les mêmes au terme de la formation ? Les fiches de la deuxième partie illustreront bien cette cohérence à rechercher entre objectifs, méthodes et... évaluations.

À côté des nombreuses recherches (de plus en plus nombreuses) sur la classe inversée apparues ces dernières années montrant les circonstances et les conditions de son efficacité, nous sommes surpris de la masse de témoignages « spontanés » provenant des enseignants. Cet enseignant, devenu chercheur, se hisse sur les marches du développement professionnel en variant ses pratiques, en les analysant, en osant les soumettre à ses pairs (un sympathique clin d'œil au CLIC – Classes inversées, le Congrès – et à la CLISE – Classes inversées, la SEmaine), en les rendant disponibles sur différents médias. Le livre propose une panoplie de ces pratiques dans sa deuxième partie. Le lecteur trouvera dans les fiches de la matière à sa propre réflexion et du levain pour son propre développement. Entre savoirs et compétences faut-il choisir ? La classe inversée les travaille tous les deux dans une variété d'approches fertiles en apprentissages de différente nature. Alors, osez expérimenter !

La classe inversée, une innovation toujours en marche ?

La classe inversée est-elle une innovation ? Cette question, est souvent accompagnée du témoignage d'une pratique vécue il y a longtemps : moi-même, j'ai eu lors de mes études un enseignant qui la pratiquait en 1976 avec comme support « à distance », un livre. Un enseignant ? Oui, un seul !

Cette question, relativement inutile selon moi, semble sonner le glas d'une innovation qui n'aurait de nouveau que son appellation, une question dont le but perfide pourrait être de tempérer voire d'annihiler l'enthousiasme de l'enseignant pionnier et conteur de sa propre pratique. Que voilà une conception pauvre, un instantané peu dynamique du concept d'innovation. Selon nous, l'innovation n'est pas une « nouveauté » qui apparaît à un moment donné et qui, étiquette éphémère, disparaitrait en tant que telle dès ou après son avènement, sa venue au monde, son invention. Plutôt, selon nous, elle s'inscrit dans une histoire, elle se relie à des intuitions, à des initiatives de pionniers spatialement et temporellement locales, elle remet même parfois au goût du jour des pratiques oubliées ou venues trop tôt. Contextuelle donc, elle se rapporte à un individu qui l'expérimente (alors qu'elle n'est déjà plus innovation pour un autre), à un groupe qui l'adopte et même la fait connaître, la diffuse. Parfois, le nombre d'adeptes devenant important, elle devient pratique généralisée et ce n'est qu'à ce moment qu'on pourrait dire que « l'innovation est morte ». La troisième partie du livre s'intéresse donc davantage aux motivations et aux mobiles de cette effervescence qui bouscule, aux perceptions des enseignants par rapport à ce monde qui change de manière parfois chaotique et désordonnée, à leurs motivations, aux postures de plus en plus rapidement et de plus en plus intensivement rendues caduques et à celles alternatives qu'ils ont souhaité mettre en œuvre.

En quelques mots, un livre qui met en vigueur une systémique entre concepts, préceptes et perceptions, un livre qui s'alimente dans le monde des idées pour les appliquer, les décoder et les lire dans le monde des pratiques, un livre entre rationalisme et empirisme, un livre prélude à une nouvelle renaissance qui redécouvre l'humain derrière la technique qu'il a créée et qui l'aspire... un livre qui vous inspirera et vous donnera l'envie d'oser expérimenter.

Bonne lecture !

Marcel Lebrun
Professeur émérite à l'Université catholique de Louvain
Juin 2019

Première partie

Méthodologie autour des classes inversées

Chapitre 1 Pourquoi les pédagogies actives et la classe inversée en FLE et FLS[1] ?

Au moment où la société évolue à un rythme vertigineux sur tous les plans, administratif, politique, socio-économique, relationnel et éducatif, nous sommes souvent face à des salles de classe qui ressemblent, par la forme et par le fond, à des salles de classe traditionnelles, frontales et en ligne. C'est dire qu'en l'espace de plus d'un siècle, rien ou presque n'a changé ![2]

En outre, les technologies bouleversent nos rapports interindividuels au quotidien. Elles ont une influence sur les apprenants et, plus ou moins, rapidement sur les enseignants. Entre eux un fossé se creuse et une zone d'inconfort se crée.

Vous comprenez donc que les défis pédagogiques pour enseigner le FLE/FLS aujourd'hui et demain sont nombreux et nous poussent toutes et tous, enseignants[3] de FLE/FLS à transformer profondément nos stratégies d'enseignement et d'innovation en salle de cours de français.

Des défis en phase avec le monde d'aujourd'hui où l'on parle de plus en plus de pédagogies actives et de classe inversée.

1. LES PÉDAGOGIES ACTIVES : QU'EST-CE QUE C'EST ?

Galilée disait : « *On ne peut rien enseigner à autrui. On ne peut que l'aider à le découvrir lui-même.* » et André Gide d'ajouter « *Un bon maître a ce souci constant : enseigner à se passer de lui.* »

Ainsi les pédagogies actives, comme leur nom l'indique, accordent une place primordiale à l'apprenant qui est placé au centre de la réflexion, qui construit ses compétences et ses savoirs et qui est acteur de sa formation. Elles font partie des méthodes de l'apprentissage basées sur l'expérience, autrement dit apprendre en

---
1. Français langue étrangère et français langue seconde.
2. Capsule vidéo : La vérité cachée sur le système scolaire, <https://www.youtube.com/watch?v=R4xj0MaP1J0>.
3. Le masculin est utilisé afin d'alléger le texte et comprend le féminin lorsque le contexte l'indique.

faisant. Il s'agit d'impliquer l'apprenant dans des situations (les plus proches de la vie réelle) pour qu'il puisse utiliser ses compétences et les faire évoluer au cours de la formation. Les pédagogies actives réorganisent autant qu'il le faut la relation pédagogique apprenant-apprenant et apprenant-enseignant ainsi que la posture de chacun, l'espace de la classe, le lieu et le temps dédiés à l'apprentissage et surtout l'évaluation.

Force est de constater qu'il n'y a pas de pédagogie sans méthode. Philippe Meirieu parle de méthode didactique en ces termes : « mode de gestion, dans un cadre donné, des relations entre le formateur, les apprenants et le savoir[4] ».

Que ce soit par méthode inductive ou par méthode déductive, par méthode directe ou indirecte, pour Mialaret[5] et Altet, rien ne s'effectue seul. L'enseignant-facilitateur doit fournir un minimum de tâche, de méthodes, de démarches, de perspectives et de techniques pédagogiques qui suscitent l'activité de l'apprenant. Les tâches donnent à l'apprenant davantage d'autonomie en vue d'accroître sa motivation et sa créativité. Le sujet doit donc être engagé personnellement dans une action, se sentir impliqué et concerné ; il fait partie d'un groupe, ce qui implique un apprentissage de la vie sociale et du savoir-être, le rôle de l'enseignant est un facilitateur et l'évaluation se veut une évaluation individuelle ou de groupe.

Bien que la notion de pédagogies actives a des fondements lointains, on les trouve souvent associées aux pédagogies « nouvelles ».

2. LES PÉDAGOGIES ACTIVES : ET SI ON COMMENÇAIT PAR LE COMMENCEMENT !

Les pédagogies actives regroupent de multiples courants de pensée et de multiples pratiques. Très tôt dans l'histoire, la maïeutique ou **discours socratique** en Grèce antique (IVᵉ siècle avant J.-C.) est un exemple où l'enseignant a un rôle de guide pour l'apprenant. Il n'intervient que lorsque ce dernier a besoin de lui. La maïeutique consiste à faire accoucher les esprits de leurs connaissances. Elle est destinée à faire exprimer un savoir caché en soi.

Citons également la leçon d'astronomie de l'*Émile* de **Jean-Jacques Rousseau** : « *Plutôt que de donner une leçon magistrale sur le cours du soleil et sur la manière de s'orienter, le précepteur laisse Émile se perdre au milieu des bois. Pour retrouver son chemin vers le château, Émile sera contraint d'apprendre*

---

4. Meirieu, P., *L'école, mode d'emploi : des « méthodes actives » à la pédagogie différenciée*, 4ᵉ édition, Paris, ESF, 1989. p. 109.
5. Mialaret, G., *Pédagogie générale*, Paris, PUF, 1991, p. 230-231.

les points cardinaux et la manière de les repérer grâce à la direction de l'ombre, bref d'apprendre des choses qu'il n'aurait sans doute jamais voulu apprendre si le besoin ne s'était pas fait sentir[6]. »

Édouard Claparède (1873-1940) met en avant l'adaptation par le tâtonnement. Pour lui, la pédagogie doit se baser sur la satisfaction des besoins tout au long du développement de l'être humain afin que ce dernier ait des réactions adaptées, d'où l'importance de partir des intérêts de l'enfant et de présenter l'apprentissage comme un jeu.

Ce n'est pourtant qu'à partir de la fin du xixe siècle que des auteurs comme **John Dewey**[7] (1859-1952) et **Maria Montessori**[8] (1870-1952) pensent à un système éducatif qui contribue à libérer les énergies créatrices de l'enfant en partant de ses centres d'intérêt. Il s'agit de rendre l'apprenant (enfant ou adulte) acteur de ses apprentissages afin de lui permettre de construire sa connaissance à partir d'observations et d'expériences. Montessori démontre l'importance d'évoluer dans un environnement préparé et met au point un matériel didactique sensoriel qui répond aux besoins naturels de l'enfant, lequel matériel lui permet l'autocorrection sans passer par l'évaluation de l'adulte. Il apprend donc en agissant, en manipulant et en respectant son propre rythme, sa propre motivation.

Ovide Decroly (1871-1932) quant à lui, prône qu'il faut mettre un intérêt à la base de tout ce qu'on donne à l'enfant. L'intérêt éveille l'attention. Il défend l'idée que chaque enfant « régulier ou irrégulier » a une vision globale de l'univers. Pour pouvoir assimiler, le cerveau doit être actif, la simple écoute ne suffit pas. L'école est un microcosme où s'exerce la vie en société, l'enseignant a le rôle d'un entraîneur. Les parents sont également acteurs de la vie scolaire. La classe est un atelier où l'enfant vit et agit partout. Cet enseignement s'appuie sur le jeu et la joie pour construire des connaissances et ne pas être dans la transmission obligatoire. Les jeux éducatifs doivent être en lien avec le vécu personnel de l'enfant.

Pour **Célestin Freinet** (1896-1966), la voie normale de l'acquisition n'est nullement l'observation, l'explication et la démonstration, processus essentiel de l'école, mais le tâtonnement expérimental, démarche naturelle et universelle. L'expérience permet d'éviter l'apprentissage par cœur, l'enfant se souvient sans effort en construisant.

---

6. Rousseau, J.-J., *L'Émile*, 1762.
7. Pour John Dewey, la connaissance s'acquiert en faisant et non pas en écoutant l'enseignant dire, c'est le « *learning by doing* ». L'apprentissage qui a du sens pour l'apprenant permettra une intégration progressive du savoir.
8. Pour Maria Montessori, l'enfant n'est pas un vase que l'on remplit, mais une source que l'on laisse jaillir, d'où l'importance de l'expérimentation. L'activité en autonomie est essentielle pour apprendre et l'observation est très importante pour l'apprenant via une éducation sensorielle et kinesthésique. Comme dans les écoles de rang, les plus avancés guident les plus jeunes dans l'apprentissage et entrent dans une pédagogie naturelle.

Sa pensée est basée sur l'organisation du travail. Il crée une coopérative où le maître installe des dispositifs permettant aux enfants de s'épanouir dans le travail coopératif. C'est un bien commun qui crée du lien, mais c'est également un outil d'autogestion. Ces activités permettent d'acquérir des savoir-faire utiles dans la vie. Le maître est en retrait mais considéré comme détenteur du savoir.

Selon **Rudolf Steiner** (1861-1925), il ne s'agit pas de recevoir de l'école une formation achevée mais de s'y préparer à recevoir la vie. Il pense que l'obéissance et la hiérarchie empêchent l'enfant de penser par lui-même et d'être libre. Pour Steiner, le but est d'éduquer à l'autonomie, à la créativité et au sens de responsabilités.

Pour **Jean Piaget** (1896-1980), l'influence de la pédagogie active sur le constructivisme montre que la nouvelle connaissance de l'élève se construit au départ de son activité manuelle ou intellectuelle. À titre d'exemple, l'enfant se promène dans un parc et voit un chat qu'il appelle « chien » en faisant référence à ce qu'il connaît déjà (il a à la maison un chien). C'est l'**assimilation** ou la référence faite à ce qui est connu[9]. Ensuite, les parents lui montrent le chat en le nommant ; le chat, même s'il a une queue et quatre pattes, n'est plus un chien pour l'enfant. L'enfant réajuste son jugement. C'est l'**accommodation**, la comparaison ou l'ajustement de la nouvelle information par rapport aux informations préexistantes. Une fois que l'information de départ aura été assimilée et différenciée, elle fait partie intégrante et distincte des informations que possède l'individu. Il s'agit de l'**équilibration** ou le résultat d'adaptation. Quelques temps plus tard, l'enfant voit un chat et dit « chat ». Il a donc intégré la différence entre les deux animaux.

Enfin pour **Lev Vygotski** (1896-1943), il faut apprendre en société et y co-construire son savoir : l'apprentissage n'est pas une absorption mais une construction des savoirs. C'est par l'expérience que l'on intériorise les informations nouvelles et qu'on se les approprie. « On n'apprend qu'à partir de ce que l'on sait. » Bien que personnelle, la construction s'effectue dans un cadre social, quelquefois résultat d'une confrontation de points de vue[10].

Et l'arrivée des technologies dans tout cela ?

George Siemens avance la co-construction des savoirs basée sur les apports des technologies numériques et les bouleversements sociaux occasionnés. Il s'agit du connectivisme. Ainsi, l'apprentissage n'est pas uniquement individuel et interne, mais il est tourné aussi vers les outils de communication qui sont à la portée de l'apprenant, de son entourage et du bagage intellectuel humain. Autrement dit, devant tant de connaissances, vouloir tout mémoriser devient impossible. L'apprenant doit donc trouver les informations accessibles par l'entremise de la technologie, les ressourcer

---

9. Pourtois, J.-P. et Desmet, H., *L'Éducation postmoderne*, 3e édition, Paris, PUF, 2002. p. 125 et ss.
10. Vygotski décrit l'espace entre les tâches que l'enfant peut réaliser lui-même et celles qu'il parvient à réaliser avec l'aide d'une personne plus avancée dans ce domaine. C'est la Zone proximale de développement (ZPD) ou ce que l'enfant peut maîtriser quand une aide appropriée lui est donnée.

et exprimer sa pensée critique. En libérant la pensée du besoin de mémoriser l'information, les nouvelles technologies permettent davantage de réflexion et d'action.

Dans une étude sur le connectivisme réalisée par Daniel Peraya, Cynthia Eid, Marcel Lebrun et coll.[11], les notions d'ordre et de désordre sont combinées. L'ordre correspond à l'enseignement traditionnel magistral en amphithéâtre où l'enseignant dispense les connaissances, fixe les règles et les apprenants sont évalués sur un produit : la copie d'examen. Tandis que le désordre correspond à un dispositif où l'apprenant est plongé dans un environnement avec des ressources qu'il doit manipuler seul ou en groupe. Alors que dans le premier cas, ce qui importe c'est le produit, dans le second on met l'accent sur le processus[12].

Force est de mentionner que plusieurs adeptes de la pédagogie active œuvrent au quotidien[13] pour l'avancement et la mise en œuvre des pédagogiques actives dans leurs milieux si différents et variés soient-ils.

3. DES AXES DE PÉDAGOGIES ACTIVES : DÉMARCHES ET TECHNIQUES ACTIVES

3.1. Quelques démarches actives[14] en classe de FLE/FLS

Il convient de souligner que le CECRL (Cadre européen commun de référence pour les langues) ne propose aucune forme de mise en œuvre concrète de la perspective actionnelle[15]. Son implication dans la classe de langue reste floue. Les démarches qui suivent pourraient bien nourrir la perspective actionnelle (développée en dernière partie de ce chapitre) dans sa mise en œuvre.

---

11. Peraya, D., Eid, C., Lebrun, M. et coll. « Le déploiement d'un dispositif de formation connectiviste : Observations et analyses d'usages, d'un côté à l'autre de la Méditerranée », Série Actes, in *Revue Questions de communication*, Presses Universitaires de Nancy, Éditions Universitaires du Centre de Recherche de Lorraine sur les médiations (CREM, EA 3476), France, 2015, pp. 29-47.
12. <http://cursus.edu/article/17354/ordre-desordre-enseignement/#.Wb_dAq3pPUo>
13. Par exemple, Céline Alvarez défend l'idée que l'enfant naît câblé pour apprendre et pour aimer. Pourtant, par manque d'information, nous lui imposons un système éducatif inadapté qui freine son apprentissage et n'encourage pas sa bienveillance innée. Elle s'appuie sur les travaux de Montessori et l'avancée des neurosciences pour démocratiser les principes des pédagogies actives. L'enfant doit apprendre par lui-même avec l'aide des autres. Elle évoque le postulat que 40 % des élèves quittant le CM2 arrivent avec des difficultés au collège. Pour changer cela, Alvarez ne croit pas en une pédagogie figée mais en une démarche en constante évolution grâce à la science.
14. Les démarches citées ne sont pas exhaustives mais indicatives.
15. Bagnoli, P., Dotti, E., Praderi, R. et Ruel, V., *La perspective actionnelle : Didactique et pédagogie par l'action en Interlangue*, en ligne <http://docplayer.fr/41702-La-perspective-actionnelle-didactique-et-pedagogie-par-l-action-en-interlangue-1-paola-bagnoli-eduardo-dotti-rosina-praderi-et-veronique-ruel.htm>.

3.1.1. La démarche de classe inversée

Bien qu'elle fasse l'objet de tout l'ouvrage, il convient dans ces quelques lignes de mettre en exergue l'un de ses volets (quoique réductif) où les apprenants, avant d'arriver en classe, sont déjà exposés au contenu de la matière à domicile. Il est question en classe d'approfondir l'apprentissage entre pairs et avec l'enseignant-facilitateur.

La classe inversée se nourrit bien des deux démarches qui suivent (démarche inductive et démarche de projet).

3.1.2. La démarche inductive

La démarche[16] inductive part d'observations et mène à des hypothèses ou des modèles scientifiques, elle part du concret vers l'abstrait, des exemples concrets pour que l'usager construise peu à peu les principes, elle part du particulier pour aller au général, aux lois qui permettent d'interpréter la réalité. L'induction semble être la méthode active par excellence où l'apprenant observe, manipule le réel, fait des hypothèses et préfère une loi, une règle ou une vérité générale à une autre.

3.1.3. La démarche de projet

En faisant référence aux travaux de John Dewey susmentionné, la démarche de projet consiste à apprendre par l'expérience, par l'action et par la création concrète, à apprendre en faisant, à apprendre par le biais d'activités complexes et coordonnées, à apprendre à travailler en équipe, à apprendre à respecter des délais de début et de fin de projets.

La construction d'un projet final passe par des étapes ou des « tâches intermédiaires » qui se succèdent dans un ordre préétabli. Le travail linguistique trouve davantage sens dans un projet global et non décloisonné.

3.2. Quelques techniques[17] utilisées dans les méthodes d'apprentissage actif

3.2.1. Le remue-méninge (brainstorming)

L'enseignant part d'un sujet défini pour favoriser la production d'idées des apprenants des plus courantes aux plus inattendues, sans jugement aucun de la part du groupe ou de l'enseignant-facilitateur.

Le remue-méninge (appelé aussi tempête du cerveau) est une technique de pédagogie active qui met les apprenants au centre de la production des idées et des solutions. Ces idées des apprenants peuvent être ensuite triées, reformulées et classées par le formateur sous forme de liste, de nuages de mots ou d'analyse de ce qui est pertinent, de ce qui ne l'est pas, mais surtout du pourquoi en donnant sens aux idées produites.

---

16. On parle aussi de méthode inductive ou de raisonnement inductif.
17. Il ne s'agit guère d'une liste exhaustive mais indicative.

3.2.2. Les tâches complexes ou l'apprentissage par essais-erreurs dans une résolution de problème (situation-problème)

L'idée est de placer l'apprenant en situation réelle de résolution de problèmes, en modalité de résolution de problème. Il apprend par ses erreurs. Il peut tenter, seul ou avec un groupe, plusieurs essais et apprendre de ses erreurs pour arriver aux succès escomptés.

Il a accès au cas (problème) et aux documents annexes. Son rôle est de réfléchir sur le problème et de trouver une solution en construisant ou co-construisant son savoir.

Ci-dessous un exemple de tâche complexe ou d'étude de cas donné par Marie Soulié sur l'impératif présent en classe de 6ᵉ.

Le petit Paul, 7 ans, est insupportable. Il ne fait que des bêtises dans la maison et se met quelquefois en danger. Ses parents décident de disposer des post-it un peu partout dans la maison pour guider leur fils. Ils ont laissé sur la table deux couleurs de post-it. À toi d'aider les parents.

L'image ci-dessous agrandie et distribuée aux apprenants constitue le support sur lequel ces derniers travaillent leur tâche complexe. Ils y collent les post-it et dégagent – d'une façon implicite – la règle de l'impératif qui jusque-là n'a pas été mentionnée par l'enseignant-facilitateur.

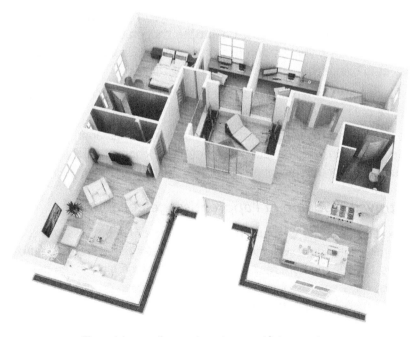

Figure 1. Image d'une maison dans une tâche complexe.

3.2.3. La simulation globale

Elle s'apparente à un jeu de rôle dans lequel les apprenants, sous une identité fictive, recréent un univers calqué sur le monde réel (faire une croisière, créer une entreprise de A à Z[18]) ou imaginaire (faire un voyage dans l'espace, installer une nouvelle civilisation, etc.).

3.2.4. Le jeu de rôle

Il s'agit d'un jeu de société coopératif, d'une technique de pédagogie active par laquelle un joueur interprète le rôle d'un personnage (réel ou imaginaire) dans un environnement fictif. (Exemple : un apprenant joue le rôle d'un client qui souhaite acheter pour la fête des mères des fleurs pour les offrir à sa maman. Il se rend chez la fleuriste et fait sa commande de fleurs. Le rôle de la fleuriste sera joué par un autre apprenant.) Un dialogue s'instaure entre les deux personnages grâce à un scénario improvisé ou qui suit un cadre bien tracé.

3.2.5. Le travail de groupe : apprentissage coopératif et entraide

Le travail coopératif[19] est une stratégie d'enseignement et d'apprentissage qui valorise les habiletés cognitives et sociales. Il se résume par « coopérer pour apprendre et apprendre à coopérer ». L'apprentissage se fait en équipe où des apprenants, de talents différents, s'efforcent d'atteindre un objectif commun et de contribuer à l'œuvre collective réalisée par tous. L'approche coopérative englobe entre autres l'enseignement par les pairs, les groupes de discussion, la coopération à l'intérieur des équipes et la compétition entre les équipes.

Le travail coopératif vise à promouvoir l'interdépendance positive et la responsabilité individuelle, ce qui rend le travail plus valorisant et efficace.

Exemple : dans un projet d'organisation de sa pensée, les apprenants travaillent tous ensemble sur un même et seul document (carte conceptuelle, un mandala, un schéma ou un dessin) pour le présenter aux autres équipes et à l'enseignant-facilitateur.

3.2.6. Le travail d'équipe et l'apprentissage collaboratif

La collaboration repose sur un but semblable à l'apprentissage coopératif. L'apprentissage résulte du travail individuel soutenu par des activités de groupe ou d'équipe. Ainsi chaque membre réalise une part de la tâche globale, en puisant dans les ressources, dans ses ressources propres et dans celles du groupe. L'apprenant utilise le travail réalisé en groupe pour apprendre.

---

18. Cf. capsule vidéo, Cynthia Eid, Université de Montréal, Cours de français langue de l'entreprise en modalité simulation, < https://www.youtube.com/watch?v=9bZ3nrLEdRw >.
19. Nous parlons aussi d'approche coopérative, de travail coopératif ou d'apprentissage-enseignement coopératif.

Exemple : dans un projet d'organisation de sa pensée, chacun des apprenants travaillera sur son propre document et sur une partie du projet (carte conceptuelle, un mandala, un schéma ou un dessin). Toutes les pièces seront ensuite rassemblées et présentées aux autres équipes et à l'enseignant-facilitateur dans un seul et unique projet.

4. QUE RETENIR DE CES DIFFÉRENTES THÉORIES DE PÉDAGOGIE ACTIVE POUR LA PRATIQUE ?

Les expériences concrètes sont des situations authentiques de découverte et vont permettre à l'apprenant – qui est au centre de sa démarche pédagogique – de dégager des concepts abstraits qu'il s'appropriera selon ses besoins et centres d'intérêts. Il participe au processus pédagogique et travaille en collaboration avec ses pairs et/ou l'enseignant-facilitateur.

Les pédagogies actives répondent davantage aux besoins de l'apprenant puisqu'elles suscitent sa participation afin de rendre la théorie plus pratique. Il est donc important que l'enseignant (guide et facilitateur) ne présente pas des concepts tout faits, mais au contraire favorise au maximum cette découverte personnelle de l'apprenant qui prend part au contenu, à l'orientation et au rythme du cours.

Les pédagogies actives sollicitent l'interaction des apprenants entre eux et avec l'enseignant-facilitateur dans un environnement favorable aux réalisations des activités ce qui permet de partir de situations concrètes et des besoins de l'apprenant puisque les apprenants travaillent avec du matériel adapté et doivent évaluer voire modifier leurs actions pour répondre aux objectifs fixés. L'accent est mis sur l'ambiance de la classe, la vie de groupe ainsi que les besoins et centres d'intérêts des apprenants.

Le but principal de la démarche pédagogique active est l'acquisition des compétences ainsi que l'assimilation et l'utilisation des connaissances. L'apprenant doit pouvoir donner sens à son apprentissage par l'expérimentation, la découverte et la manipulation.

Même si la pédagogie active a fait ses preuves par rapport à la pédagogie traditionnelle – qui est davantage centrée sur l'enseignant et souvent l'abstrait –, nombreux praticiens de l'enseignement sont encore réservés quant à ses vertus.

5. LA PERSPECTIVE ACTIONNELLE EN FLE ET LE LIEN AVEC LA CLASSE INVERSÉE

La perspective actionnelle est l'une des quatre (r)évolutions[20] proposées par le CECRL rédigé par le Conseil de l'Europe en 2001. Elle reprend les concepts de l'approche communicative et de l'approche par tâches, y ajoute l'idée d'actions à accomplir dans les multiples contacts auxquels un apprenant va être confronté dans sa vie sociale. Elle considère l'apprenant comme un acteur social qui sait mobiliser l'ensemble de ses compétences et de ses ressources (stratégiques, cognitives, verbales et non verbales)[21].

La perspective actionnelle met en avant un des principes primordiaux des pédagogies actives celui où l'apprenant est au centre de son processus d'apprentissage, où il est un acteur social à part entière : il accomplit de vraies tâches (task-based Learning) non seulement langagières, mais socio-(inter)actionnelles dans des circonstances et un environnement donnés.

La perspective actionnelle fait désormais partie du paysage naturel des programmes de la classe de français comme on peut aisément le constater en balayant l'ensemble des programmes de français proposés ici et là dans le monde : dans les institutions du réseau des Alliances françaises et Instituts français bien entendu, mais aussi dans les universités et dans la plupart des enseignements du français dans le secondaire. Cela a pris du temps, mais il semblerait qu'elle se soit en effet imposée, non pas sans qu'on s'interroge sur la réelle possibilité de mise en œuvre.

5.1. Perspective actionnelle et FLE

Pour mieux comprendre cette affirmation, il convient de revenir sur la perspective actionnelle en FLE.

C'est avec l'entrée en vigueur du nouveau DELF qu'on a véritablement commencé à parler de perspective actionnelle en FLE. C'était en 2005. Certes le CECRL, dont la publication est antérieure à la réforme du DELF, mentionnait la perspective actionnelle allant jusqu'à la préconiser mais sans vraiment jamais la définir. Ce flou a contribué à ralentir sa prise en compte chez les concepteurs des programmes.

---

20. Les six niveaux communs de langues (A1, A2, B1, B2, C1 et C2), les activités langagières (la compréhension orale, la compréhension écrite, la production orale en continu, la production orale en interaction et la production écrite), les trois compétences communicatives (linguistiques, sociolinguistiques et pragmatiques) et une nouvelle perspective « actionnelle » dans l'enseignement et l'apprentissage des langues.
21. Bagnoli, P., Dotti, E., Praderi, R. et Ruel, V., *La perspective actionnelle : Didactique et pédagogie par l'action en Interlangue*, en ligne, <http://docplayer.fr/41702-La-perspective-actionnelle-didactique-et-pedagogie-par-l-action-en-interlangue-1-paola-bagnoli-eduardo-dotti-rosina-praderi-et-veronique-ruel.html>.

Dans le même temps, les manuels de l'époque commençaient à y avoir recours sans pour autant la nommer. Sa présence dans les ouvrages, couplée à la réforme du DELF, a bien fini par rendre inévitable la prise en compte de cette perspective actionnelle, même s'il faut bien admettre que sa mise en place n'est pas vraiment effective eu égard aux nombreux obstacles qui se trouvent sur son chemin. Et ce sont justement les difficultés rencontrées sur le terrain par les enseignants (trop rarement devenus ces accompagnateurs dont on parle tant) qui nous obligent à une certaine réflexion sur la perspective actionnelle pour qu'elle ne soit pas seulement le fait, au pire, d'un discours pédagogique situé dans la sphère théorique sans jamais descendre dans les salles de classe et, au mieux, une application ponctuelle et souvent discrète, du moins si nous sommes d'accord sur son importance dans le développement d'une pédagogie active.

Pourquoi la perspective actionnelle comme moyen d'arriver à une pédagogie active ? Tout d'abord parce qu'elle s'inscrit pleinement dans la ligne de la pédagogie du projet. Elle contribue en effet à préparer les élèves au projet compris comme une « action sociale », c'est-à-dire qu'elle va contribuer à ce que les élèves puissent se préparer à mener « une action collective à finalité collective »[22]. Cette définition que nous donne Christian Puren situe donc le projet comme l'action sociale privilégiée (ou à privilégier) dans l'espace classe, compris non plus comme un lieu de préparation à la « vraie vie » mais comme étant en soi un espace de vie sociétal, tout aussi légitime qu'un autre. Et tout aussi authentique qu'un autre. On soulignera aussi l'importance de cet agir ensemble ou de cette co-action qu'on devra assurer dans un souci de cohérence :

« [...] dans la perspective actionnelle esquissée par le Cadre européen commun de référence [...] on se propose de former un "acteur social" ; ce qui implique nécessairement, si l'on veut continuer à appliquer le principe fondamental d'homologie entre les fins et les moyens, de le faire agir avec les autres pendant le temps de son apprentissage en lui proposant des occasions de "co-actions" dans le sens d'actions communes à finalité collective. C'est cette dimension d'enjeu social authentique qui différencie la co-action de la simulation, technique de base utilisée dans l'approche communicative pour créer artificiellement en classe des situations de simple interaction langagière entre apprenants. »[23]

La perspective actionnelle passe aussi, et surtout, par savoir changer la dynamique de classe. Un changement qui intervient à plusieurs niveaux.

---

22. Puren, C., « De l'approche communicative à la perspective actionnelle » *in Le français dans le monde*, n° 347, sept.-oct. 2006, p. 37-40.
23. Cité dans *Regards théoriques sur la perspective actionnelle dans l'enseignement des langues en France* par Margaret Bento, <_https://www.cairn.info/revue-education-et-didactique-2013-1-page-87.htm#pa17>.

5.1.1. Les acteurs de la classe

Le rapport enseignant-facilitateur/apprenants est nécessairement revisité dans la mesure où ceux-ci voient leur rôle non pas inversé, ce serait exagéré, mais au moins réinterprété. L'enseignant ne peut plus se contenter de déverser des savoirs dont il contrôlerait l'acquisition par ses apprenants sous forme d'examens et les apprenants ne peuvent plus se contenter d'accumuler des connaissances au service, surtout, de ces mêmes examens. Ce changement pouvait encore choquer il y a quelque temps. Il semble aujourd'hui une évidence et même une nécessité vue la façon dont circule l'information dans notre société.

5.1.2. L'espace-classe

L'espace-classe ne peut plus être dominé par un rapport frontal. C'est la fin de l'historique « face-à-face » qui caractérise la transmission de masse des savoirs telle qu'elle s'est généralisée à partir du XIXe siècle. Mais c'est aussi la fin de l'espace-classe comme lieu sacré de l'apprentissage. Certes, il ne disparaît pas. On aurait tort de signer son certificat de décès comme on a peut-être voulu le faire en célébrant un peu précipitamment l'avènement des CLOM[24]. Comme si ceux-ci allaient remplacer les cours présentiels. L'espace-classe ne disparaît donc pas, mais il doit nécessairement évoluer. C'est à la fois une conséquence et une condition *sine qua non* de ces nouveaux rôles. Quiconque souhaite mettre en place de façon efficace une démarche actionnelle, ne pourra le faire sans prendre en compte une révision de la tenue des espaces de la classe (cf. chapitre 6).

5.1.3. Les activités de la classe

Évidemment, il ne suffit pas de changer les rôles et modifier les espaces pour que les choses changent. Les activités en soi doivent changer. À partir du moment où l'espace est revisité et qu'il est conçu de sorte que les apprenants ne soient plus simplement tournés vers maître et tableau à écouter et à acquiescer de la tête dans un silence rigoureux – sauf quand ils sont autorisés à poser des questions –, les activités proposées doivent permettre l'échange, la réflexion entre pairs, la collaboration.

Il serait dommage dans ce sens de limiter une telle dynamique à la réalisation d'exercices purement structuraux. Il s'avère donc nécessaire d'interroger les pratiques de classe. Prenons le cas de la production écrite par exemple. Certes, tout le monde s'accorde à dire que l'écriture collaborative est motivante mais elle prend trop de temps alors qu'il faut encore expliquer des règles et faire des exercices d'application. La plupart du temps, vue justement la lourdeur des contenus du programme, cette production écrite est faite hors classe. D'une certaine façon, on sous-entend que les

---

24. Bien que peu employé, CLOM (Cours ouvert et massif en ligne) est le terme francophone recommandé pour MOOC (Massive Open Online Course). Sur les doutes sur l'avenir des CLOM, lire « Les MOOC font pschitt » *in Le Monde*, 22 octobre 2017.

apprenants doivent profiter du temps de classe pour aborder les aspects théoriques de la langue et laisser pour la maison les moments de production. C'est-à-dire qu'ils devront produire seuls, sans l'aide de personne, un texte avec tout ce que cela suppose de difficultés à surmonter, alors que la leçon est naturellement faite en classe. C'est pourtant au moment de produire un texte écrit qu'ils découvriront les zones d'ombre de la théorie sur lesquelles les lumières des pairs ou de l'enseignant-facilitateur seraient fort utiles mais non disponibles. C'est un grand moment de solitude pour l'apprenant ce qui ne favorise pas non plus la motivation. Il n'y a pas que les activités formelles qui doivent faire l'objet d'une réflexion sur la façon de les aborder en classe. D'autres, comme le jeu (sérieux ou tout simplement de société), doivent y tenir un plus grand rôle[25] parce que ce sont des activités qui font appel à la créativité des apprenants dans un sens large du terme.

Mais ces changements ne seront possibles et surtout n'auront du sens que si le projet est pleinement intégré dans les programmes. Cependant cela ne suffit certainement pas parce qu'un autre facteur entre en ligne de compte, c'est le temps. C'est d'ailleurs une contradiction pour beaucoup d'enseignants FLE/FLS puisqu'on leur demande de mettre en place des projets dans le cadre de la perspective actionnelle ; or, ils ne disposent pas de plus de temps.

Parfois, ils ont même vu diminuer le temps de classe consacré à l'apprentissage du français sans que le programme ne soit forcément revu. Alors comment faire pour rendre possible cette perspective actionnelle et le projet ? Les enseignants le reconnaissent : ce n'est pas simple en raison des programmes, des pratiques, de l'absence souvent de politiques d'établissement en facilitant la mise en place. C'est dans ce contexte, parmi les démarches possibles pour changer les dynamiques de l'enseignement/apprentissage, que la classe inversée, objet de cet ouvrage, peut apparaître comme une des solutions afin de disposer de plus de temps en classe pour mettre en œuvre le projet. D'ailleurs, alors que dans un premier temps le FLE semblait tourner le dos à la classe inversée, on constate depuis quelques années un intérêt certain pour cette modalité[26] au point d'être aujourd'hui dans la liste des modèles de formation que la Fédération Internationale des Professeurs de Français (FIPF) demande de mettre en œuvre[27].

---

25. Lire sur la question Silva, H. et Loiseau, M. (Coord.), « Jeu(x) et langue(s) : avatars du ludique dans l'enseignement/apprentissage des langues », in *Recherches et Applications*, n° 59, janvier 2016 et, sur le blog de Philippe Liria, un article de Chahi, F., « La ludification en classe de FLE », 01/12/2013, <https://philliria.wordpress.com/2013/12/01/la-ludification-en-fle/>.
26. À lire sur la question sur le blog de Philippe Liria, « *Quand l'actionnel et la classe inversée font bon ménage* », 30/05/2016, <https://philliria.wordpress.com/2016/05/30/quand-lactionnel-et-la-classe-inversee-font-bon-menage>.
27. C'est du moins ce qui se dégage d'une des résolutions prises par la FIPF en juillet 2016 : « *Nous leur* [ndr : autorités, monde des médias, de l'édition et de la technologie éducative] *demandons aussi d'œuvrer à la mise en place de nouveaux modèles de formation (communautés en ligne, formation hybride, classe inversée, apprentissage collaboratif, etc.) et de promouvoir l'utilisation de plateformes d'apprentissage et de Cours en Ligne Ouverts et Massifs (CLOM).* » Extrait de « Moderniser l'équipement » in *Résolutions du XIVᵉ Congrès Mondial des professeurs de français*, Liège, 14-21 juillet 2016, Symposium 4, *Le Français à l'ère du numérique*, Piet Desmet et Cynthia Eid.

La classe inversée apparaît ainsi comme un moyen de rendre plus actifs les apprenants pendant le cours puisque les activités plus théoriques en sont (partiellement) évacuées pour être réalisées à d'autres moments et en d'autres lieux. Le numérique est clairement un élément indispensable pour faciliter la réalisation et le suivi des activités proposées hors classe. Dans ce sens, il conviendra de faire le rapprochement entre classe inversée et formation hybride.

Il ne faut évidemment pas que les moments hors classe du cours de français ne servent qu'à visionner des capsules grammaticales. Une critique qui revient souvent est celle de faire disparaître l'aspect inductif de la réflexion grammaticale en ayant recours à ces capsules. En effet, le risque existe si les capsules ne sont que de simples vidéos à visionner. Dans le principe de la classe inversée, on pense plutôt à l'élaboration de vidéo interactive interpellant l'apprenant avec des questions et l'invitant à réfléchir sur un ou plusieurs point(s) (voir deuxième partie : Mise en œuvre de la classe inversée via les capsules vidéo). Ses réponses pourront être incluses dans un questionnaire autocorrectif ou qui sera envoyé par le biais de la plateforme à l'enseignant-facilitateur qui s'en servira pour élaborer une partie du cours suivant.

Il s'agit aussi d'envisager des activités de classe inversée en lien avec l'acquisition du lexique, la compréhension des écrits ou de l'oral de façon à ce que, en classe, les apprenants disposent ainsi de davantage de temps pour la réalisation du projet.

Chapitre 2 La classe inversée pour les néophytes : une tentative de définition

Depuis quelques années, la classe inversée suscite un enthousiasme dans les cours de français[1]. On trouve en général un nombre de témoignages d'enseignants et d'apprenants plaidant en faveur de la classe inversée à la suite de l'expérimentation de cette approche.

D'autres sont plus précautionneux et posent des questions légitimes telles : « *Qu'est-ce cette approche a d'innovant[2] ?* » Quelques-uns témoignent d'avoir étudié ainsi dans les années 1970 : « *notre enseignant nous demandait de lire un chapitre de livre avant de venir en classe et on profitait du temps de la classe pour approfondir les concepts[3]* ». Ils ne trouvent rien d'inhabituel dans cette façon d'enseigner/apprendre et se demandent si cette approche est « *une baguette magique[3]* ». Pour cette catégorie d'enseignants, ce sont les médias qui ont donné de l'importance à la classe inversée alors qu'elle a toujours existé : « *donner le contenu du cours avant le cours à voir chez soi et venir faire des applications en classe n'est pas si pionnier que cela[3]* ».

Si le principe de la classe inversée existe, il convient d'élucider comment le mariage réussi entre technologie et pédagogie a changé la donne. Le numérique a transformé la classe inversée et lui a offert des moyens de mise en pratique à ne pas négliger.

Mais qu'est-ce qu'est au juste la classe inversée ?

1. LA CLASSE INVERSÉE, UNE TENTATIVE DE DÉFINITION EN QUATRE TEMPS

▶ 1er temps : offrir aux apprenants une inversion du paradigme traditionnel

Comme son nom l'indique, la classe inversée[4] est une pédagogie d'enseignement/apprentissage actif qui inverse – d'une façon réductrice probablement – le paradigme traditionnel des leçons en classe et des activités à domicile[5].

---

[1]. Français langue maternelle (FLM), français langue seconde (FLS), français langue étrangère (FLE).
[2]. Entretiens qualitatifs faits par Eid, C. (2014) auprès des enseignants de FLE, à la FÉP, à l'université de Montréal, Canada.
[3]. *Ibid.*
[4]. D'autres appellations de la classe inversée existent :
- pour le niveau scolaire : apprentissage inversé, pédagogie inversée ;
- pour le niveau universitaire : « *flipped class* », « *flipped teaching* », « *flipped learning* » « *inverted classroom* », « *inverted class* », « *inverted learning* » or « *inverted teaching and achievement and publication type* ».
[5]. En anglais, nous parlons de « *Lectures at home and homework in class* ». En français : cours à la maison et devoirs en classe.

En 2010, Daniel Pink, auteur britannique, a utilisé l'appellation « *flipped classroom* » dans son article écrit pour *The Telegraph*[6].

Pour Marcel Lebrun, les « *flipped Classrooms* » évacuent la partie transmissive hors de la classe pour redonner à cette dernière son potentiel d'apprentissage et de co-apprentissage. Il en résulte aussi une révision des statuts des savoirs (en particulier ceux de nature informelle), des rôles assumés par les étudiants et les enseignants... »[7]

La classe inversée bouleverse les habitudes et pousse davantage à passer d'un apprentissage individuel à un apprentissage collectif : en d'autres termes, elle consiste à déplacer le rituel de la classe à la maison puisque le travail peut être fait individuellement (à titre indicatif, l'apprenant lit des chapitres, visionne des capsules vidéos, fait des exercices simples, répond à des quiz de vérification, etc.) et à déplacer le rituel de la maison à la salle de classe (« un contexte social interactionnel » pour réaliser les tâches d'une façon collaborative, un encadrement de l'équipe par l'enseignant-facilitateur et un appui sur les pairs pour rendre l'apprentissage moins solitaire).

Figure 1. Comparaison entre la classe traditionnelle et la classe inversée, source : « *La classe inversée* », *Technologie*, n° 193, sept.-oct. 2014.

---

6. Aaron Sams, Originally published *The Daily Riff*, October 26, 2011.
7. Lebrun, M., *Classes Inversées, étendons et « systémisons » le concept ! Essai de modélisation et de systémisation du concept de Classes inversées*, <http://lebrunremy.be/WordPress/?p=740>.

Du côté de l'apprenant, la partie transmissive et théorique est vue, préparée et souvent testée en amont par les apprenants à domicile. La séance en classe est plus interactive, plus collaborative entre les pairs avec une aide personnalisée apportée soit par le groupe soit par l'enseignant, et plus socioconstructiviste à travers la pédagogie des projets.

Du côté de l'enseignant-facilitateur, le matériel pédagogique au sens large est conçu en amont par l'enseignant-facilitateur et est mis à la disposition de ses apprenants via une plateforme pédagogique, via un polycopié de cours ou autre support. L'apprenant est déjà exposé au contenu à des degrés variés et ne découvre pas le cours à son arrivée en classe. L'apprenant s'approprie autant que possible le contenu du cours d'une façon autonome avant d'arriver en salle de classe. Le rôle de l'enseignant n'est plus de tout dire, tout apprendre et tout enseigner d'une façon magistrale et frontale. Au lieu d'être un « sage » sur l'estrade et un transmetteur de savoirs, il sera un « guide », un « facilitateur » aux côtés des apprenants, un accompagnateur du sens à donner aux connaissances.

▶ 2e temps : faire une meilleure exploitation du temps de la classe

Le schéma traditionnel est inversé : l'enseignant a toute latitude pour libérer le temps de la classe à des activités à valeur ajoutée. Il ne suffit plus pour les apprenants de suivre un cours en présentiel axé sur la transmission des connaissances, de prendre des notes et d'essayer de comprendre l'explication, mais c'est l'occasion pour eux de mettre à l'épreuve leur compréhension des concepts, des règles et des notions, dans des discussions, dans des activités, et dans des tâches authentiques.

Plutôt que d'avoir traditionnellement un enseignant statique devant la classe qui aborde le contenu, les règles de grammaire ou de conjugaison et les éléments conceptuels, la classe inversée permet de réorganiser le temps en présentiel en salle de classe, de l'optimiser et d'éviter que la théorie éloigne les apprenants de la pratique. Elle permet également à l'enseignement d'être le plus possible interactif entre l'enseignant-facilitateur et les apprenants d'une part, et les apprenants entre eux, d'autre part.

La classe devient donc un lieu privilégié de l'interaction humaine. Les apprenants sont placés dans des situations de conflits cognitifs. Ils doivent résoudre des problèmes et sont amenés à trouver des solutions, à inventer et à innover (cf. feuille de route, chapitre 6).

La classe se transforme en un lieu de mise en application des contenus théoriques, un laboratoire « expérientiel » pour les apprenants, une mise en pratique du travail actif. Les apprenants travaillent dans une approche par problème, ou dans une approche d'apprentissage coopératif/collaboratif, sur des simulations globales, des études de cas, des jeux de rôle, des tâches authentiques, etc. pour que chaque apprenant bénéficie de l'expérience et des compétences des membres du groupe. Ils posent leurs questions à leurs co-équipiers de travail ou à l'enseignant-facilitateur par rapport aux difficultés éprouvées à tout moment. Le face-à-face pédagogique met ainsi en valeur les aspects collaboratifs que seul le présentiel peut procurer.

▶ 3ᵉ temps : redonner davantage « sens » à la présence des apprenants en classe et une motivation pour apprendre

Fabrice Landry remet en exergue l'importance de la présence des apprenants en classe. Pour lui, la pédagogie inversée est une stratégie pédagogique qui consiste à concentrer le temps de classe afin de réaliser les travaux pratiques en évacuant le temps requis pour l'exposé magistral[8]. La classe inversée est une forme de pédagogie qui préserve donc les vertus d'une pédagogie plus traditionnelle axée sur l'acquisition des compétences et d'une pédagogie plus active où l'apprenant prend son apprentissage entre ses mains, où il entre dans une dynamique active d'apprentissage avec ses pairs et avec son enseignant-facilitateur. Il est actif, il annote ses lectures et visionne les capsules vidéos à son rythme avant de se présenter en classe, pose ses questions en présentiel et partage sa compréhension et ses analyses avec ses pairs. L'apprenant devient pilote de sa formation.

Comme l'apprenant est préparé pour son cours[9], sa motivation s'avère être plus accrue puisqu'il donne sens à son apprentissage. L'apprenant n'est plus seul dans son processus d'apprentissage, il profite de sa présence en classe pour poser à ses pairs ou à l'enseignant-facilitateur les questions qu'il a préalablement préparées. La classe devient le lieu d'échanges, d'approfondissements de la matière et d'appropriation des connaissances, des concepts et des détails.

La classe inversée facilite la gestion de la diversité des apprenants et de leur style d'apprentissage à travers un accompagnement de qualité individualisé.

▶ 4ᵉ temps : adopter un style de travail durable dans le temps : donner le pli aux apprenants et changer leurs habitudes

Dans une classe de modalité inversée, les objectifs sont les mêmes pour tous. En revanche, les apprenants passent par des trajectoires différentes en fonction de leurs styles d'apprentissage pour réaliser la tâche proposée. Chacun travaille ses propres difficultés, chacun fixe ses priorités. Il s'agit d'une pédagogie différenciée (cf. feuille de route, chapitre 6).

En outre, pour que la modalité de la classe inversée réussisse, il faudrait que l'expérience pour les apprenants soit substantielle et non pas sporadique (un cours en modalité classe inversée parsemé ici et là). Si les apprenants ne sont pas habitués à venir en classe ayant déjà préparé le cours, et qu'on leur demande de temps en temps de basculer leurs habitudes dans un style de classe inversée, la routine ne sera pas installée. La classe inversée exige un rythme de travail qu'il faut instaurer dès le début d'une session ou d'une année.

---

8. Landry, F., *La pédagogie inversée*, <http://innovationseducation.ca/la-pedagogie-inversee/>.
9. Il a déjà lu ses lectures, visionné ses vidéos et a répondu à un petit quiz d'évaluation formative avant de venir en classe.

2. UN BREF APERÇU HISTORIQUE DU CONCEPT DE CLASSE INVERSÉE

La traduction française « *classe inversée* » n'est pas selon nous la plus exacte. Les anglophones parlent entre autres de « *flipped classroom* » (niveau scolaire) et de « *inverted Classroom* » (niveau universitaire)[10]. À notre avis, il convient davantage de parler d'une démarche ou d'une philosophie de pédagogie active (cf. chapitre 1), d'apprentissage interactif entre les pairs et avec l'enseignant-facilitateur ou d'apprentissage inductif, cependant, pour des raisons de simplification, nous adopterons l'appellation de classe inversée.

Comme susmentionné, le concept de *Flipped Classrooms* existe depuis longtemps. Bergman et Sams[11] font référence à Eric Mazur, de l'Université de Harvard, qui depuis 1990 travaille dans des modalités de classe inversée. Il a fait la démonstration dans son livre *Peer instruction* (l'instruction par les pairs) publié chez Wiley en 1997 que « l'apprentissage peut se faire par les pairs où l'enseignant pose les questions sur lesquelles ils devront délibérer individuellement, apporter une réponse propre à chacun, échanger les points de vue et se concerter pour en arriver à une réponse commune après quoi l'enseignant jugera à propos de passer au sujet suivant[12] ».

L'appellation est apparue vers 2007, quand Jonathan Bergman et Aaron Sams, deux enseignants de chimie au Woodland Park School, dans le secondaire au Colorado, ont découvert le potentiel des vidéos[13] (PowerPoint commentés, Podcast, etc.) pour engager leurs élèves qui ne pouvaient pas participer au cours[14] dans leur apprentissage et pour les rendre plus interactifs : « J'ai montré à Jonathan un article concernant un logiciel qui permet d'enregistrer un diaporama PowerPoint, avec de la voix et des annotations, pour ensuite convertir l'enregistrement dans un fichier vidéo, facile à distribuer en ligne.[15] »

Cette approche est devenue populaire dans le milieu éducatif grâce à YouTube par le biais de la Khan Academy, lors d'une conférence TED[16] en mars 2011 où le fondateur, Salman Kahn, proposait l'utilisation de vidéos éducatives pour « inverser » ses classes. Plus de 3000 vidéos attirent de dizaines de milliers de visiteurs chaque jour.

---

10. Tolks, D. et coll., « An Introduction to the Inverted/Flipped Classroom Model In Education and Advanced Training in Medecine and In the Healthcare Professions », *GMS Journal for Medical Education*, 2016, 33 (3) : Doc. 46.
11. Bergman, J. et Sams, A., *La Classe inversée*, Reynald Goulet Édition, 2016.
12. En langue, Barbara Walvoord et Virginia Johnson ont proposé, dans leur livre *Effective Grading* (1998) (en français, classement efficace), un modèle selon lequel les apprenants se familiarisent avec le contenu théorique à la maison alors que le temps du cours est consacré aux exercices leur permettant de mettre en pratique les connaissances acquises.
13. PowerPoint commenté, Screencast, Podcast, etc.
14. Soit le format de l'école ne leur convenait pas, soit ils étaient athlètes et participaient à des événements sportifs, soit à cause d'une maladie (Bergman et Sams, 2012 : 3).
15. Bergman, J.. et Sams, A., *La Classe inversée*, p. 3.
16. *Technology, Entertainment and Design*.

Le site bibliothèque sans frontières offre gratuitement la version française des vidéos de la Khan Academy[17].

Aujourd'hui, il n'existe pas une seule façon de faire la classe inversée. Nous trouvons une centaine de blogs, d'articles, de sites Web et de capsules vidéos dédiés à la classe inversée et montrant ses différentes approches et visions. Chaque enseignant-facilitateur les adapte selon son style et selon ses apprenants.

3. LE DISPOSITIF PÉDAGOGIQUE DE LA CLASSE INVERSÉE

L'ingrédient de base à tout dispositif pédagogique – et ceci s'applique au dispositif de la classe inversée – est, d'un côté, la proposition par l'enseignant-facilitateur, de tâches pertinentes fixant une cible claire et, de l'autre, des tâches qui mettent en œuvre l'alignement pédagogique (cohérence) entre trois éléments de base, à savoir :

1. les apprentissages ou les objectifs visés et énoncés clairement (qu'ils soient des compétences ou des connaissances) ;
2. les méthodes pédagogiques ;
3. l'évaluation.

John Biggs[18], montre que les facteurs inhérents à la qualité du cours résident dans la cohérence et l'alignement pédagogique entre les trois pôles du triangle ci-dessous.

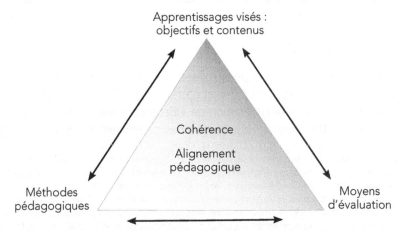

Figure 2. Alignement pédagogique, source : John Biggs, 1999.

---
17. Bergman, J.. et Sams, A., *La Classe inversée*, p. 6.
18. John Biggs et Catherine Tang, *Teaching for quality learning at university: what the student does* (2014) (en français, Enseigner pour un apprentissage de qualité à l'université : ce que font les étudiants).

On considère l'objectif d'apprentissage visé : *l'apprenant réalise une analyse critique d'un texte.*

Pour la méthode pédagogique, force est de signaler qu'elle ne sera pas uniquement un enseignement magistral qui explique comment faire une analyse critique d'un texte, mais l'occasion pour l'enseignant-facilitateur d'apporter des opportunités d'apprentissage actif où les apprenants se familiarisent avec l'analyse critique d'un texte pour l'analyser en groupe ou individuellement.

Quant à l'évaluation, elle est présente dans toutes ces étapes, qu'elle soit formative[19] ou sommative[20] (cf. chapitre 8). L'évaluation est certes celle des apprenants, mais également celle du dispositif. Dans le cas présenté ci-dessous, il convient d'évaluer les apprenants sur la capacité d'analyser d'une façon critique un texte et non sur la capacité de traiter un texte argumentatif.

Dans le champ de l'ingénierie pédagogique, l'outil constitue le quatrième élément qui contribue à la cohérence et à l'alignement pédagogique du dispositif. Marcel Lebrun le schématise ainsi :

Figure 3. Adaptation de l'alignement pédagogique entre objectifs, méthodes, outils et évaluation (Lebrun, 2016 : 24).

---

19. L'évaluation formative est « un processus d'évaluation continue ayant pour objectif d'assurer la progression des individus engagés dans une démarche d'apprentissage ou de formation, selon deux voies possibles : soit par des modifications de la situation ou du contexte pédagogique, soit en offrant à chaque individu l'aide dont il a besoin pour progresser et ce, dans chacun des cas, pour apporter, s'il y a lieu, des améliorations ou des correctifs appropriés » (Scallon, 2014 ; cf. chapitre 8).
20. L'évaluation sommative « consiste à recueillir les renseignements à la suite de l'évaluation permettant aux apprenants, aux enseignants et aux parents, ainsi qu'à la communauté éducative au sens large, d'être informés sur les résultats d'apprentissage atteints à un moment précis afin de souligner les réussites, planifier les interventions et continuer à favoriser la réussite », Éducation et formation, Manitoba, <http://www.edu.gov.mb.ca/m12/eval/role.html> (cf.chapitre 8).

L'outil utilisé peut être technologique (exemple un logiciel facilitant l'analyse critique tel que l'outil Textalyser) ou pas (un document papier, exemple une carte conceptuelle).

4. LES TROIS TYPES DE CLASSE(S) INVERSÉE(S)

Il convient de rappeler qu'il n'y a pas un seul modèle de classe inversée, mais autant de classes inversées qu'il y a d'enseignants inverseurs.

Marcel Lebrun distingue **trois niveaux** de ce que les enseignants pourraient faire en modalité de classe inversée[21]. Il différencie l'acte d'apprendre de l'acte d'enseigner. Le premier (acte d'apprendre) relève de la responsabilité de l'élève alors que le deuxième (acte d'enseigner) relève de la responsabilité du professeur.

Comme la figure ci-après l'illustre bien (Tableau 1), au **niveau 1**, la théorie est préparée à la maison (exemple : règles de grammaire, de conjugaison, texte à lire, etc.), suivie d'exercices et de mises en pratique en classe. L'idée initiale de la classe inversée, c'est de dire que certains éléments peuvent être déplacés à distance en préalable à une séance en présence où l'enseignant se libère pour devenir accompagnateur d'apprentissage. Lebrun parle de « la classe translatée » qui amène une pédagogie facilitant les interactions entre apprenants et la diversification des apprentissages.

Au **niveau 2,** les apprenants font – individuellement ou en groupe – des recherches documentaires et des travaux préparatoires en dehors de la classe à titre d'exemple (préparation d'une thématique à exposer, interview ou micro-trottoir, etc.). En classe, ils présentent leurs recherches à leurs pairs et à l'enseignant-facilitateur par le biais d'exposés, de débats, d'activités de modélisation, etc. Les apprenants recherchent les informations et les ramènent ensuite en classe pour les présenter et les partager. Ensuite, Lebrun offre le choix d'un débat structuré sur des articles lus, d'une analyse argumentée du travail d'un autre groupe, de la création d'une carte conceptuelle collaborative, etc.

Ce niveau 2 inclut-il « la classe renversée[22] » (cf. conclusion) ou bien s'agit-il d'un quatrième type de classe inversée ?

---

[21]. Lebrun, M. et Lecoq, J., *Classes inversées, enseigner et apprendre à l'endroit !*, CANOPÉ Éditions, 2015.
[22]. Dans la classe « renversée » ou pédagogie en « *do it yourself* » (DIY), telle qu'elle est imaginée par Jean-Charles Cailliez à l'Université Catholique de Lille, la situation est différente. Contrairement à la classe inversée, aucun support de cours n'est distribué aux apprenants. Ni livres, ni polycopiés, ni liens numériques. Le cours magistral est remplacé par une méthodologie qualifiée de « 100 % étudiants, 0 % enseignant » s'il fallait caricaturer ! L'objectif reste celui de la classe inversée, c'est-à-dire de faire travailler les apprenants en présentiel de manière plus collaborative, mais avec une approche constructiviste. Il est réalisé en utilisant les outils numériques.

Le **niveau 3** est un mélange des types précédents (types 1 et 2) sous la forme d'un cycle. Il est marqué par un mouvement en quatre temps. À distance, l'apprenant fait des travaux de recherche, puis en classe, il expose son travail souvent co-construit avec ses collègues par le biais d'exposés qui entraînent à leur tour la création à distance de textes et de vidéos, qui sont ensuite source de débats en classe.

La notion du cycle dépasserait la linéarité déterministe du « avant la classe/pendant la classe » et amènerait le mouvement en spiral de l'apprentissage faite de contextualisation (savoir à quoi ça sert ? – donner sens aux connaissances, savoirs, pratiques, contextes), de décontextualisation (savoir comment ça marche ? – modéliser les connaissances en les reliant aux invariants, aux principes, aux modèles, et aux théories) et de recontextualisation (donner sens à que peut-on encore faire ? – appliquer les savoirs à d'autres applications, situations, contextes, trouver un lien et faire du transfert) successives alternant travail de groupe et travail individuel et activités en présentiel, en hybride ou à distance.

Ainsi donc, la recherche faite à domicile pour être présentée en classe sera le prélude à un retour à domicile pour approfondir les concepts et les théories, préparer une synthèse, mémoriser, faire des liens, etc. En classe, il serait temps de consolider les acquis et de les transférer à d'autres contextes.

Pour conclure ce chapitre, vous trouverez à la page suivante un tableau récapitulatif de la classification de la classe inversée par Marcel Lebrun en trois types.

	Niveau 1	Niveau 2	Niveau 3 Kolb[23]/Lewin
	Avant la classe (à distance)		
En résumé	- Regarder la théorie avant la classe (textes, audio, etc.) - Se préparer seul ou en groupe	- Rechercher les informations et ressources hors la classe - Les exposer à la classe	- Hybrider – vivre l'expérience concrète et conceptualiser d'une façon abstraite - Observer, expérimenter et réfléchir (contextualiser) - Former les concepts (décontextualiser) - Essayer ces concepts dans diverses situations qui donnent lieu à de nouvelles expériences (recontextualiser)
	En classe (présentiel)		
Avancée pédagogique	- Questionner, débattre, etc.	- Faire des activités interactives (individuelles ou en groupe)	- Observer d'une façon réfléchie et expérimenter activement
	- Approches par compétences ou par programmes (cohérence des enseignements) - Méthodes actives - Usage des TICE - Pédagogie de projet	- Développement de compétences - Interactivité et méthodes actives - Reconstruction des connaissances individuelles - Travailler sur des compétences transversales : autonomie, travail d'équipe, esprit critique, etc. - Pédagogie de projet	- Approche cyclique et non pas systémique - Différents styles d'apprentissage sont pris en considération - Agencement de différents courants pédagogiques : approche par situations-problèmes, approche par compétences et apport des technologies

Tableau 1. Étude inspirée des travaux de Marcel Lebrun sur la pédagogie inversée.

---

23. L'apprenant part de l'expérience quotidienne et concrète du monde sensible pour aller vers une expérimentation méthodique ; il se livre à une observation réflexive sur cette expérience qui le conduira à une conceptualisation abstraite génératrice de nouvelles hypothèses qui seront testées au cours d'une phase d'expérimentation active, source d'une nouvelle expérience concrète qui boucle ainsi le cycle.

Chapitre 3 Que faire à domicile et que faire en classe ?

1. UNE DÉMARCHE EN DEUX TEMPS : AVANT ET PENDANT LE COURS

En modalité de classe inversée, l'apprenant est exposé à l'information avant de venir en classe, il prend connaissance du concept, de la règle de langues, ou de l'information à domicile et réserve le temps de la classe (traditionnellement réservé à la présentation de l'information par l'enseignant, à l'écoute « souvent passive », à la prise de notes, au recopiage de l'information, etc.) à l'approfondissement de l'information — avec les pairs — et avec l'enseignant-facilitateur.

Le savoir n'est plus transmis, mais une appropriation du savoir se fait grâce à des situations de co-construction du savoir mises en place par l'enseignant-facilitateur à travers des tâches complexes.

Afin d'éviter des situations traditionnelles de blocage à la maison où l'apprenant essaie de résoudre des problèmes pas simples, de répondre à des questions complexes et hybrides et de faire des devoirs relevant d'un niveau de difficulté élevé, en modalité de classe inversée, le processus s'inverse !

La classe devient un lieu privilégié d'interaction avec le groupe-classe, autrement dit avec les apprenants et avec l'enseignant-facilitateur.

2. LA TAXONOMIE DE BLOOM, UN OUTIL DE TAILLE ?

Benjamin Bloom[1] a expliqué le processus de l'apprentissage à travers une taxonomie du processus cognitif qui a été révisée en 2001 par Lorin Anderson et Davis Krathwohl.

Il parle de trois types d'apprentissage :

---

1. Benjamin Bloom (1913-1999) est américain ; il est psychologue ainsi que professeur en pédagogie. Il est célèbre pour ses contributions au classement des objectifs pédagogiques et pour la taxonomie du processus cognitif, utile pour évaluer la progression de l'apprentissage.

1. le domaine cognitif (la tête) se rapporte à la connaissance et à la compréhension des idées et des concepts ;
2. le domaine affectif (le cœur) concerne les émotions et les attitudes générées par l'apprentissage ;
3. le domaine psychomoteur (le kinesthésique ou les mains et le corps) se rapporte à la manipulation ou aux habiletés physiques.

Nous nous intéresserons dans le cadre de cet ouvrage au domaine cognitif afin d'expliquer le processus de l'apprentissage et favoriser la maîtrise des concepts.

Comme le montre le schéma ci-dessous, les trois premiers niveaux du triangle en partant de la base relèvent d'habiletés passives des apprenants, et par conséquent **peuvent être préparés à domicile**. Les apprenants sont face à des habiletés plutôt simples.

En revanche, les trois niveaux supérieurs du triangle sont des habiletés plus complexes qui permettent davantage le transfert que l'apprenant fait avec d'autres cours, en dehors de la salle de classe et dans son quotidien. Elles mobilisent des compétences et des savoir-agir et peuvent être travaillées **en présentiel**.

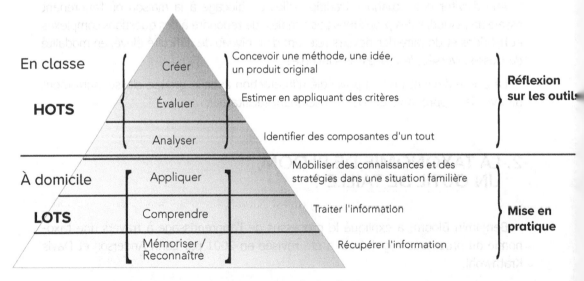

Figure 1. Taxonomie de Bloom révisée.

Nous allons parcourir brièvement les six niveaux du processus cognitif.[2]

---
2. Site web de l'INSA de Toulouse <http://enseignants.insa-toulouse.fr/fr/ameliorer_mon_cours/les_concepts_de_base/la_taxonomie_de_bloom.html>.

2.1. À domicile, des actions peu complexes : mémoriser, comprendre et appliquer

Il convient de mentionner que *« mémoriser, comprendre et appliquer »* sont des niveaux intimement liés d'un point de vue cognitif et que « Lots » est le sigle pour habiletés cognitives de bas niveau (*Lower Oder Thinking Skills*) désigné aussi par le bas de Bloom.

- ✓ Le premier niveau de la taxonomie implique la mémorisation *« reconnaître »*, se rappeler ou retenir des connaissances. Nous donnons l'exemple des définitions, des listes de vocabulaire, du champ lexical et sémantique, des terminologies, des règles grammaticales et des conjugaisons à mémoriser ; bref, des faits isolés. Donc, l'apprenant observe et se souvient de l'information.

- ✓ Au deuxième niveau *« comprendre »*, l'apprenant saisit le sens littéral de l'information, donne des exemples, classifie et explique. Combien de fois, on mémorise des choses sans qu'on en comprenne le sens (comme des mots, des expressions ou des chansons en langue étrangère) ! À titre d'exemple, l'apprenant rattache son apprentissage à des éléments qu'il connaît : il relie son apprentissage à une expérience vécue, compare avec un film visionné, fait des interférences avec une discussion qui a eu lieu avec ses parents ou ses amis. Il peut illustrer sa compréhension en mettant, par exemple, les éléments dans un ordre différent, en interprétant ou en traduisant.

- ✓ Le troisième niveau *« appliquer »* fait référence par exemple à l'utilisation d'un principe, d'une procédure ou d'une méthode, à l'application des règles grammaticales ou de conjugaison dans des exercices simples tels des exercices à trou, des exercices d'appariement entre un concept et sa définition ou entre une image et un mot de vocabulaire, des exercices d'imitation, etc.

Ces tâches peuvent être des travaux de groupe ou des travaux individuels à réaliser **à domicile** et à approfondir plus tard **en présentiel**.

2.2. En classe, des tâches plus complexes : analyser, évaluer et créer

Force est de constater que *« analyser, évaluer (synthétiser) et créer »* sont liés d'un point de vue de l'apprentissage et que l'abréviation Hots correspond à des habiletés cognitives de haut niveau (*Higher Order Thinking Skills*) désigné aussi par le haut de Bloom.

- ✓ Au quatrième niveau «*analyser*», l'apprenant peut utiliser des graphies, des diagrammes, des images ou des tableaux dans son analyse. Par exemple, il peut analyser une habileté active et complexe en voyant un modèle, en déconstruisant les concepts pour les reconstruire, en comparant les éléments, des textes ou des tableaux de peintures, etc.

- ✓ Le cinquième niveau est celui d'«*évaluer*» sa création ou celle d'autrui en portant un jugement critique, en synthétisant. L'apprenant confirme ou infirme le concept, apporte des preuves, des recommandations et des critiques.

- ✓ Au sixième niveau «*créer*», l'apprenant trouve une solution originale et plusieurs cadres conceptuels seront combinés. Ce sont des situations neuves où l'apprenant compare et discrimine les idées. Il démontre qu'il est autonome en créant une cohérence dans son travail. Il planifie, expérimente et procède à un essai ou à une création.

N.B. Le tableau récapitulatif[3] des six niveaux de la taxonomie de Bloom révisée retrace le processus de pensée, propose des verbes à utiliser et des exemples d'activités.

3. COMMENT ORGANISER LE TRAVAIL DE GROUPES EN SALLE DE CLASSE ?

On l'a dit, une des techniques de la classe inversée favorise la réalisation du projet. Celui-ci prend tout son sens si les apprenants travaillent en groupe, ce qui exige une certaine organisation qu'il s'agisse de cours avec des enfants, des adolescents ou des adultes. Une organisation doit commencer par l'explicitation de ce choix : pourquoi travailler en groupe ? Ce qui peut sembler une évidence pour certains ne l'est peut-être pas encore pour tous[4].

Il est bon de rappeler ce que nous disait Médioni : «*L'objectif du travail de groupe n'est pas de répondre à une question simple, ce qui pourrait se faire individuellement. L'objectif du groupe c'est d'ouvrir des pistes, d'émettre des hypothèses ce qui ne peut se faire qu'avec d'autres que soi si on veut avoir plusieurs pistes et les hypothèses les plus variées et néanmoins possibles. Le point de vue des autres aide à envisager ce qu'on n'avait pas vu soi-même et à examiner la pertinence d'une proposition.*»[5]

---

3. Ce tableau adapté est publié en français par © Les Éditions de la Chenelière Inc. Le tableau a été traduit de l'anglais du livre Helen McGrath et Toni Noble. *Eight Ways at Once*, Book 1. © Pearson Education Australia, 2005 (ISBN 1-7409-1118-0).

4. Il est surprenant de constater, lors d'animation d'ateliers adressés aux enseignants, la difficulté fréquente à former des groupes de travail. Beaucoup hésitent à changer de place ou à travailler avec des inconnus. Ce constat dénote à la fois un manque d'habitude à travailler dans une dynamique de groupe, mais aussi une attitude naturelle qui demande une étape préalable de socialisation.

5. Médioni, M.-A., *Cahiers pédagogiques*, centre de langues, Université de Lyon 2, mai 2004.

Pour y arriver, il est important que chaque membre du groupe ait eu un accès préalable à l'information et ait pris le temps de se faire une idée sur la question afin d'avoir une participation active au sein du groupe. La classe inversée doit justement contribuer à ce que les apprenants portent ce regard en amont sur la question. Elle peut donc devenir un facilitateur du travail de groupe.

Howard Gardner évoque les intelligences multiples où dans un travail de groupe, chaque individu mobilise ses intelligences au service du groupe. Ainsi les intelligences multiples réparent l'estime de soi, leur apprend à apprendre et à réfléchir d'une façon métacognitive leur parcours.

L'enseignant-facilitateur recueille sur la plateforme les informations qui l'aideront à préparer son cours dans ses contenus et dans son organisation, dont la composition des groupes. Ces informations l'aideront dans la mise en place, le cas échéant, d'une approche différenciée ou pour regrouper les apprenants en fonction de certaines caractéristiques repérées en amont. De leur côté, les apprenants trouveront plus de sens à agir puisque cette action sera directement en lien avec ce qu'ils auront préparé avant de venir en cours.

D'après Piaget, « *l'école active suppose [...] une communauté de travail avec alternance de travail individuel et du travail de groupe parce que la vie collective s'est révélée indispensable à l'épanouissement de la personnalité, sous ses aspects même les plus intellectuels.* »

Dans ce sens, il est important d'attribuer des rôles aux membres du groupe qui — le plus souvent — sont de profils d'horizons différents. À titre d'exemple, et en fonction des tâches attribuées, les rôles ci-dessous pourront être attribués à un groupe composé de six membres :

- Un gardien de la parole appelé aussi animateur/facilitateur qui assure que chaque membre du groupe parle et qu'il soit écouté.
- Un capitaine appelé aussi coordonnateur qui veille au respect de la consigne, de l'objectif et de la précision d'une manière objective. Il fait progresser les prises de décisions.
- Un secrétaire qui est responsable de la prise de notes.
- Un gestionnaire du temps appelé aussi régulateur qui veille au respect du temps imparti pour éviter les débordements et les périodes stériles.
- Un « débrouillard » informatique ou un expert/référent informatique qui fait la recherche des données sur la toile et veille à mentionner les références.
- Un créatif appelé aussi créateur d'idées ou imaginatif qui donne aux exposés leur forme finale en y ajoutant des dessins, en organisant les données, etc.

Cette liste n'est pas exhaustive, nous pouvons imaginer, en fonction de la taille du groupe et de la complexité de la tâche, un « propulseur » (qui travaille bien sous pression et aime les défis. Il est capable de surmonter les obstacles et pousse les autres à l'action et aide l'équipe à se recentrer sur son travail), un « perfectionneur » (qui s'assure qu'il n'y a pas d'omissions ou d'erreurs), etc.

De Peretti insiste sur une répartition des rôles qui va dans le sens d'une meilleure participation des individus et d'une meilleure communication. Un roulement des rôles est réalisé d'une séance à l'autre.

Le travail de groupe favorise ainsi le conflit sociocognitif : l'apprenant, en se confrontant à d'autres, améliore son apprentissage au cours des interactions au sein du groupe.

En outre, la prise en compte de l'espace-classe est fondamentale pour le bon déroulement d'un travail de groupe. Il doit permettre une disposition modulable du mobilier de sorte que l'on puisse plus aisément faire (et défaire) des îlots de travail pour réaliser des activités collectives et collaboratives (cf. chapitre 6).

Chapitre 4 Quel(s) scénario(s) didactique(s) adopter ?

Il existe plusieurs scénarios didactiques en classe inversée. Nous proposons deux scénarios didactiques possibles. L'un utilisé à l'université dans le cadre d'un cours de français sur objectifs spécifiques (français des affaires) et l'autre utilisé au collège dans le cadre d'un cours de connaissance de la langue, de lecture textuelle et de civilisation. Plusieurs autres scénarios existent et sont aussi pertinents en fonction du contexte et du cadre.

1. UN SCÉNARIO DIDACTIQUE EN TROIS ÉTAPES À L'UNIVERSITÉ

1.1. Enseignant préparant le matériel de cours

Comme le schéma ci-après le montre, tout commence avec les préparatifs du matériel du cours. À cette étape-ci, il convient de concevoir, de développer et de produire les capsules vidéo (pour chaque séance si possible), de choisir les lectures et les animations ou bien de déterminer le sujet des recherches que les étudiants auront à faire à domicile. Il convient également de définir les tâches ou les exercices que les apprenants auront à faire hors classe et ceux qu'ils auraient à faire en classe. Les activités didactiques en question ne doivent pas être décousues. L'objectif est d'amener l'apprenant du point A au point B en suivant l'approche de la construction socratique (question/réponse).

Il va falloir ensuite concevoir des tâches pédagogiques (activités) et scénariser les activités d'apprentissage. L'étape finale est de déposer ces dernières sur la plate-forme numérique du cours pour consultation et interaction avec les apprenants.

Pour la production des capsules vidéo : chaque capsule est un condensé de la séance de cours ou d'un élément important du cours qui dure quelques minutes (pas plus de 3 minutes). Quelquefois, plusieurs capsules s'imposent sur des idées différentes, mais complémentaires. Après avoir rédigé les grandes lignes du script de la capsule vidéo, l'enregistrement se fait en général sur un logiciel de votre choix. Des capsules vidéo sans son, dans une démarche inductive, basée sur des exemples écrits, semblent être les capsules les plus appréciées par les apprenants.

Il faudrait en amont tester les exemples, s'assurer d'avoir bien ciblé le contenu et que le niveau est bien adéquat à une initiation à la matière. L'objectif de la classe inversée n'est pas que les apprenants visionnent des vidéos, mais qu'ils arrivent préparés en classe, qu'ils aient un minimum de bagages sur les notions, qu'il y ait eu un point de départ !

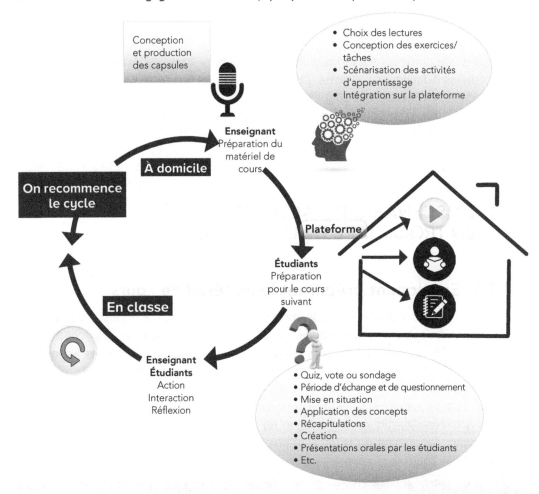

Figure 1. Un scénario didactique en trois étapes, Cynthia Eid.

1.2. Apprenants travaillant individuellement à domicile

Le cours commence par une préparation des apprenants à domicile des parties jugées «simples» et que les apprenants peuvent faire seuls. À cette étape-ci, ils visionnent les vidéos ou lisent les lectures qui sont assignées. Une feuille de route (cf. chapitre 6) accompagne généralement la capsule vidéo ou les lectures à faire.

Cette feuille de route est un document accompagnant la capsule vidéo ou les lectures sélectionnées aidant l'apprenant à faire les activités demandées[1], à compléter les notes du cours, à savoir répondre aux questions ou aux quiz et à préparer individuellement les tâches. Elle lui permet également de noter les questions et questionnements qu'il sera amené à poser en classe à ses pairs ou à l'enseignant-facilitateur.

1.3. Apprenants et enseignant en classe : le groupe est un levier socio-constructif d'apprentissage

En classe, l'accent est mis sur l'action des apprenants, sur l'interaction entre eux et sur la réflexion de chacun d'entre eux. La présence des collègues devient «un levier d'apprentissage».[2]

La partie informative ayant été préparée par les apprenants à domicile, il s'agit de vérifier en classe la compréhension de l'information, d'abord entre pairs et ensuite avec l'enseignant-facilitateur.

1.3.1. Quiz ou vérification individuelle de l'information (5 min)

Le cours commence généralement, mais pas exclusivement, par un vote, par un sondage ou par un court quiz en ligne ou sur papier pour tester les connaissances des apprenants.

L'avantage des télévoteurs ou des zappettes[3], outre le fait que c'est un outil pour dynamiser le cours, est qu'ils préservent l'anonymat et affichent immédiatement la bonne réponse et le pourcentage des étudiants qui ont choisi la bonne réponse et ceux qui ne l'ont pas fait. Ainsi, un retour de la part de l'enseignant-facilitateur sur la bonne réponse se fait immédiatement, ce qui n'est que bénéfique pour les apprenants parce qu'ils peuvent profiter d'un *feedback* immédiat pour rectifier des connaissances.

Ensuite, le plan de la séance est affiché et les consignes sont données par l'enseignant-facilitateur. Un travail individuel est souvent demandé sur un complément de la tâche réalisée à domicile qui sera ensuite corrigé collectivement au tableau.

---

1. Les apprenants peuvent également réviser – s'ils le souhaitent – le cours au préalable afin qu'il y ait enchaînement entre les connaissances et les compétences requises.
2. *Les Cahiers pédagogiques*, Dossier « Classe inversée », mai 2017, n° 537, p. 15.
3. Plickers en est un exemple.

Force est de signaler que les apprenants apprécient le travail en équipe, ils ont également besoin d'un moment individuel pour être confrontés à eux-mêmes et essayer de se dépasser avant de recourir à l'aide des pairs. Cela peut être un exercice préparatoire avec deux ou trois sous questions ciblées pour vérifier ce qui est bien compris, à quel niveau, et où intervenir pour faire un retour après.

1.3.2. Une période d'échange et d'éclaircissement (5-15 min)

La deuxième étape, en classe, consiste à échanger — en groupes — sur la capsule ou sur les lectures et à poser ses questions à ses pairs. Si ces derniers n'ont pas la réponse, l'enseignant (accompagnateur) interviendra pour un éclaircissement. Une pause est parfois indispensable pour expliquer, pour clarifier (ou bien pour faire expliquer ou faire clarifier par les apprenants eux-mêmes) une idée ou une notion de cours d'une façon magistrale suivant l'approche et la construction socratique.

1.3.3. Activités implicatives, travail collaboratif ou coopératif (30-45 min)

La place est aux activités implicatives axées sur un projet, sur un jeu de rôle, sur une simulation globale ou sur toute autre tâche d'apprentissage actif (cf. chapitre 1).

Il est temps pour les apprenants de regagner leurs groupes pour une mise en situation ou une application pratique des concepts relatifs au monde des affaires qui auraient été préparés par les apprenants hors classe (par exemple, en français de l'entreprise, le projet est celui de créer en groupes, sous forme de simulation globale, une entreprise de A à Z : dès son implantation, en passant par le choix du lieu-thème, par l'établissement des identités fictives, lui donner vie, créer des événements et des incidents, jusqu'à sa disparition).

Des consignes claires sont alors données par l'enseignant et des étapes d'accompagnement sont consultées et sont suivies par les apprenants au fur et à mesure dans ce processus de création. Un guide des étapes à suivre est mis à la disposition des apprenants sur la plateforme. Chaque équipe a son propre espace (un tableau blanc interactif, un îlot ou un espace dédié) où ils travaillent ensemble sur des apprentissages par problèmes ou des tâches actives.

En tant qu'enseignant, le rôle joué est un rôle d'animateur, de facilitateur et de guide : circuler entre les groupes pour donner des explications, les guider, rectifier et réorienter le travail de l'équipe en cas de besoin, répondre aux questions du groupe et quelquefois aux questions individuelles. Quand plusieurs équipes posent le même type de questions, il convient de prendre un moment pour expliquer et clarifier ce qui accroche. Si les activités sont décidées d'avance, la manière dont elles vont se dérouler en classe dépend du rythme des apprenants. Ce n'est jamais pareil d'un groupe d'apprenants à un autre. Cela n'accroche pas toujours aux mêmes endroits, il va donc falloir s'adapter et proposer la bonne solution au moment opportun.

Pour les apprenants, c'est l'occasion de récapituler, de synthétiser leur travail collaboratif et de poser leurs questions.

Souvent, les apprenants présentent le fruit de leur travail à d'autres groupes à la même séance en classe, sinon il faut y revenir le cours d'après, au début de la séance.

Ainsi, les groupes écoutent les présentations des autres groupes, prennent des notes, posent des questions et commentent le travail des collègues. Quelquefois, les présentations sont inspirantes pour les autres groupes qui réorientent ensuite leur travail.

Puis, un petit retour sur les notions principales se fait par un groupe d'apprenants. Et à la fin de cette séance didactique, il s'agit de recommencer tout le processus mentionné (à savoir visionner individuellement les nouvelles capsules vidéo et faire les tâches préparatoires pour la prochaine séance) et ainsi de boucler la boucle.

2. UN PROTOCOLE DIDACTIQUE DE CLASSE INVERSÉE AU COLLÈGE

Ce protocole s'étale sur trois jours.[4]

2.1. À la maison

La veille, les élèves consultent la **capsule vidéo** qui doit être sobre et posséder une unité graphique[5]. La capsule en question n'est pas une fin en soi, mais une aide pour les élèves à préparer le travail de la classe. De plus en plus simplifiée, elle peut n'être que visuelle ou accompagnée de commentaires.

Lors des premières rencontres scolaires, une explication de cette nouvelle procédure aux parents des élèves est nécessaire.

---

4. Soulié, M., « Voici mon protocole de classe inversée, à noter qu'au fil des années il a évolué, notamment la tâche complexe cohabite avec les plans de travail. »
5. Le professeur l'a réalisée pour ses élèves, le visuel s'inscrit dans une routine interne à la classe, attendue par l'élève.

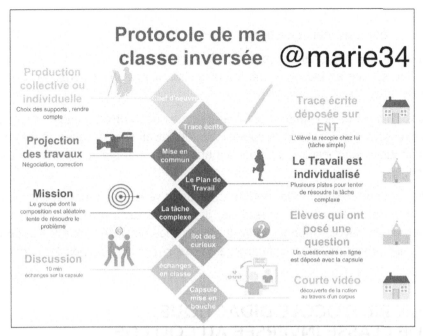

Figure 2. Protocole de classe inversée, Marie Soulié

Cette capsule est accompagnée d'un questionnaire qui ne met jamais l'élève en difficulté. Elle est une simple vérification du niveau de compréhension des termes employés, une vérification de sa visualisation. On y adjoindra un espace réservé aux questions que souhaite poser à distance l'élève à l'enseignant-facilitateur. Si certains élèves n'ont pas vu la capsule vidéo, aucune sanction pour autant, car elle pourra être vue en classe.

2.2. En classe

De retour en classe, deux dispositifs sont proposés.

1. Les îlots autour desquels se réunissent les élèves qui manifestent une compréhension de ce qu'a suscité la capsule ; les échanges autour du contenu de la capsule peuvent commencer.

2. L'îlot des curieux accueille ceux qui ressentent la nécessité d'une aide de l'enseignant, relative au contenu de la capsule et aux interrogations qu'elle a provoquées.

Ce moment d'échanges est guidé par la résolution de la **tâche complexe** proposée par l'enseignant. Pédagogiquement, cette tâche revêt une importance capitale. Elle propose une mission à accomplir par exemple (« Tu es journaliste… », « Ton professeur, un camarade a besoin d'aide pour… ») en utilisant des ressources internes (prérequis) et externes, matérielles (plans, dessins, illustrations, dictionnaires, objets divers pour déclencher un écrit) et numériques (application de réalisation de carte heuristique, dispositif de recopie vidéo pour montrer à la classe la production de l'îlot). Ces ressources sont placées au centre de l'îlot permettant à tous une consultation qui facilite la collaboration.

Chaque groupe peut choisir son organisation interne, répartir les rôles en fonction des capacités reconnues à chacun, ou des engagements pris. Le groupe doit échanger pour comprendre collectivement ce qu'il y a à faire... et le faire, avant que chacun comprenne ce qu'il a à faire.

La **restitution** est une sorte d'oral d'explicitation de la démarche. Le rapporteur de l'îlot est tiré au sort, le fichier est envoyé et partagé afin d'être visionné par le groupe-classe, sous le contrôle à distance du groupe.

La **production finale** privilégie l'expression orale sous forme d'un discours écrit-parlé. Elle est construite à partir d'un canevas, promeut un échange argumentatif, et valorise l'activité de résumé. Les supports utilisés varient : interview radio, vidéo mise en scène (arguments, battle, etc.), diapositives, etc.

La **mémorisation** est facilitée par l'activité liée à la production collective. Plusieurs adaptations dictées par les neurosciences (Éric Gaspard, programme NeuroSup) sont proposées :

- les images mentales qui organisent la pensée ;
- la fiche de cours qui trace un bilan de ce qui a été retenu, qui dénomme plutôt que de définir (recours au QCM), et qui propose un croque-note (petit dessin qui deviendra indice récupérateur du souvenir, à afficher en classe, à faire figurer sur sa propre fiche cours...) ;
- les posters ou mandalas qui sont produits par les élèves, affichés dans la classe et enrichis par réalité augmentée avec la capsule de départ.

Chapitre 5 Classe inversée, avantages et limites ?

1. LES AVANTAGES DE LA CLASSE INVERSÉE

Comme le nuage de mots ci-dessous le montre bien, la classe inversée présente plusieurs avantages pour les enseignants-facilitateurs et les apprenants.

Figure 1. Avantages de la classe inversée.

1.1. Les avantages pour les enseignants-facilitateurs

Dans une modalité de classe inversée, et comme susmentionné dans les chapitres précédents, les enseignants ont un rôle de guide qui facilite l'interaction entre eux et les apprenants, celui de répondre aux questions d'approfondissement posées par les apprenants et celui de favoriser leur différenciation pour recevoir un accompagnement personnalisé (cf. image ci-après).

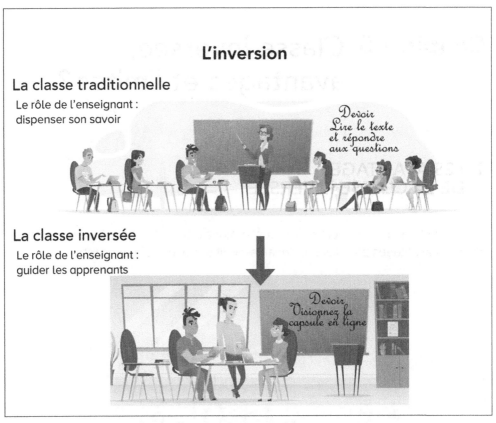

Figure 2. Le rôle de l'enseignant dans une classe traditionnelle et dans une classe inversée.

Le tableau ci-dessous récapitule les principaux avantages perçus par les enseignants. En résumé, ces avantages consistent à donner aux apprenants des occasions et des possibilités d'apprentissage.

Enseignant-facilitateur
✓ Être un accompagnateur
✓ Augmenter la disponibilité de l'enseignant-facilitateur pour ses apprenants
✓ Faciliter l'interaction enseignant-facilitateur/apprenants et leurs pairs
✓ Inverser l'espace et le temps
✓ Favoriser la différenciation
✓ Développer du matériel pédagogique soutenu par les TICE
✓ Etc.

Tableau 1. Tableau récapitulatif des avantages de la classe inversée[1].

---

[1]. Tableau inspiré de Audrey Miller, *Faire ses premiers pas vers la classe inversée*, <http://espe-formation.unistra.fr/webdocs/ci/documents/dossier-classeinversee.pdf>.

- ▸ ***Être un accompagnateur*** : pendant que les apprenants travaillent seuls ou avec les pairs, l'enseignant-facilitateur les guide, les aide en répondant à leurs questions spécifiques, les accompagne au besoin. Il leur permet de s'engager et de prendre la responsabilité de leur apprentissage. Ainsi l'accompagnateur passe du face-à-face aux côte à côte.

- ▸ ***Augmenter la disponibilité de l'enseignant pour ses apprenants*** : l'accompagnateur n'a pas à tout expliquer. Comme les apprenants ont été déjà exposés au contenu hors classe, le temps en classe permet de rendre l'accompagnateur plus disponible pour ses apprenants en s'intéressant à leurs interrogations (celles du groupe d'abord et individuelles ensuite), et en consolidant leur co-construction. Cela ne peut que ***faciliter l'interaction entre l'enseignant et les apprenants et entre les pairs.***

- ▸ ***Inverser l'espace et le temps*** : l'accompagnateur amène ainsi les connaissances des apprenants à une plus haute complexité, passer des connaissances conceptuelles (que les apprenants ont pu construire par eux-mêmes pendant la période d'auto-apprentissage) aux connaissances stratégiques conceptuelles (au moment de l'activité de synthèse en classe) et à des compétences acquises ou en cours d'acquisition.

- ▸ ***Favoriser la différenciation*** : l'enseignant-facilitateur peut apporter des éléments en classe qui peuvent aider à la différenciation et à la personnalisation de l'apprentissage, qui constitue un bénéfice pour tous les apprenants : choisir le temps, le rythme et l'endroit pour se familiariser avec le matériel.

- ▸ ***Développer du matériel pédagogique soutenu par les TICE***[2] : rien n'oblige que la classe inversée soit centrée sur du matériel de type numérique ou sur des technologies (cf. chapitre 6). En revanche, les TICE sont et resteront des outils au service de la pédagogie à condition de les amener au ***moment opportun.***

Les TICE ont plusieurs intérêts pour les enseignants-facilitateurs :

– favoriser les relations entre présentiel et distanciel : les plateformes numériques (de type Moodle, Claroline, Dokeos, etc.) permettent aux enseignants de se les approprier afin de créer une passerelle entre le « en classe » et le « hors classe » ;

– développer du matériel pédagogique : capsules vidéos, outils pour dynamiser la salle de classe (Imindmap, H5P, quizzlet, Google Forms, etc.) et outils pour structurer les interactivités et pour voter (Plickers, Post-it, Zapettes, etc.).

---

2. Technologies de l'information et de la communication adaptées à l'enseignement.

1.2. Les avantages pour les apprenants

De plus en plus, les apprenants sont beaucoup plus des chercheurs d'information que des récepteurs d'information. En les mettant dans des situations d'apprentissage autonomes avec un matériel pédagogique de qualité, ils sont amenés à s'approprier l'information et à se transformer en apprenants pour la vie, à apprendre à apprendre.

Grâce à cette modalité de classe inversée, l'apprenant est sollicité cognitivement à être actif. Les apprenants profitent de plusieurs avantages qui figurent dans le tableau ci-dessous.

Apprenant
✓ Développer sa propre motivation
✓ Mieux utiliser l'espace et le temps pour apprendre n'importe où et n'importe quand
✓ Utiliser le mieux possible le temps en classe
✓ Accroître son autonomie
✓ Être engagé dans son apprentissage
✓ Mettre les TICE au service de son apprentissage
✓ Faciliter la révision à la veille des examens
✓ Faciliter son interaction avec ses pairs et l'enseignant-facilitateur

Tableau 2. Tableau récapitulatif des avantages de la classe inversée[3].

- ▸ ***Développer sa propre motivation*** : la motivation est l'un des aspects-clés pour l'apprentissage. Travailler chez soi et à son propre rythme est souvent apprécié par les apprenants, ce qui n'est pas toujours possible dans un cours magistral ! L'apprenant peut vivre la différenciation pédagogique et progresser en fonction de son/ses propre(s) style(s) d'apprentissage.
- ▸ ***Mieux utiliser l'espace et le temps pour apprendre n'importe où et n'importe quand***. En revanche, une planification et une gestion de son temps sont requises.
- ▸ ***Utiliser le mieux possible le temps en classe*** : profiter de la présence de l'enseignant-facilitateur, lui poser les véritables questions qui le préoccupent, avoir l'occasion d'approfondir ce qui est plus difficile à comprendre, aller davantage vers ses besoins précis de formation qui peuvent être différents de ceux du groupe.

---

3. Tableau inspiré de Audrey Miller, *Faire ses premiers pas vers la classe inversée*, <http://espe-formation.unistra.fr/webdocs/ci/documents/dossier-classeinversee.pdf>.

- **Accroître son autonomie** : dans une démarche de classe inversée, l'apprentissage commence à domicile et se poursuit après la classe : les apprenants continuent à apprendre. Prenons pour exemple la compétence scripturale[4] qui est l'œuvre d'une vie. 45 heures dédiées à l'écriture en classe ne seraient pas suffisantes pour développer sa compétence. Il faut donc que les apprenants sortent du cours avec des outils pour continuer à apprendre en dehors de la classe. Ce n'est pas dans un cours magistral qu'on donne des outils de développement de compétences à long terme. Le développement de compétences se fait dans l'action, dans l'utilisation de ressources dans des situations concrètes recréées à travers la pédagogie inversée.

- **Être engagé dans son apprentissage** : l'apprenant se retrouve dans une perspective constructiviste ou co-constructiviste. Il a le temps et l'occasion de construire ses connaissances pas à pas et il est amené par l'enseignant-facilitateur dans une démarche « socratique ». Il se prépare à des activités en classe de type « co-synthèse » ou « activité de synthèse » avec des degrés de profondeur de la connaissance.

- **Mettre les TICE au service de son apprentissage** : pour plusieurs apprenants, apprendre à travers les technologies les pousse à s'impliquer dans leur apprentissage. Ils peuvent avoir accès à des capsules vidéo de découverte ou à du matériel numérique avant d'arriver au cours pour acquérir les connaissances. Ainsi, les TICE sont au service de la pédagogie de l'apprentissage et non l'inverse.

- **Faciliter la révision à la veille des examens** : les capsules vidéo restent disponibles, les apprenants peuvent les visionner à leur convenance, les réécouter, se rafraîchir la mémoire d'une façon ponctuelle ou avant les examens.

- **Faciliter son interaction avec ses pairs et l'enseignant-facilitateur** : la classe inversée a le mérite de sortir l'apprenant de l'isolement. L'interaction est plus fluide et plus spontanée.

---

4. Cf. <http://lewebpedagogique.com/scripturales/>Dezutter, O., Eid, C. et coll. (2011-2015). Accompagner le développement de la compétence scripturale en français langue seconde et étrangère à l'aide des TIC (technologies de l'information et de la communication) aux quatre coins de la francophonie universitaire. Scriptur@les, un nouveau site pour développer sa compétence... scripturale.

2. LES LIMITES DE LA CLASSE INVERSÉE

Il y a quand même certains inconvénients à la classe inversée.

▸ **Une démarche énergivore en ce qui concerne la charge de travail**

Il s'agit d'une démarche qui requiert beaucoup de temps de préparation pour l'enseignant-facilitateur et pour les apprenants.

Pour les apprenants : hors classe, il faut s'exposer à la matière, visionner (et re-visionner) les vidéos à son propre rythme, faire les exercices, parfois les recherches, préparer les exposés, etc.

«*Dans votre cours, on est obligé de travailler à la maison.[5]*» Les apprenants voient le lot de travail hors classe comme un aspect négatif de la classe inversée. Pour moi (enseignant-facilitateur), c'est un aspect positif de la classe inversée parce que mon but est de bouger les murs de la salle de classe et d'amener l'apprentissage aussi ailleurs.

«Si les élèves plébiscitent majoritairement l'usage la classe inversée, cela représente initialement pour eux un changement important par rapport à leur pratique de l'école, qui peut être très déstabilisant, notamment en année d'examen. Or, ce sont justement eux qui sont garants du succès de l'inversion de la classe.[6]»

Pour les enseignants : L'enseignant-facilitateur s'y investit plus que dans un cours traditionnel (Eischner et al. 2016 : 7), il planifie et prépare le matériel de façon très rigoureuse. On dit souvent, que préparer une présentation PowerPoint quand on est soit même l'expert, c'est à peu près un ratio de 10 h de travail pour 1 h de cours, mais si on fait un bon matériel «socratique», c'est à peu près 20 h de travail pour 1 h de cours.

▸ **Ne convient pas à tous les cours**

Il faut éviter de recourir à la classe inversée dans des cours dont les sujets sont complexes et changent rapidement (exemple pour un cours d'actualités, sur un sujet d'élection, etc.) sinon ce sera un gaspillage, car les matériaux ne pourraient pas être réutilisés pour une autre promotion.

---

5. Entretien avec un apprenant ayant suivi le cours de français langue des affaires en modalité classe inversée à l'Université de Montréal, Canada.
6. Dufour, H., *La classe inversée*, *Décryptage*, septembre-octobre 2014.
<https://www.ac-paris.fr/portail/upload/docs/application/pdf/2014-10/articletechnologie193_classe_inversee_hdufour_bd.pdf>.

▸ Nombre élevé des apprenants en classe

Au-delà d'un groupe de 30 apprenants, la classe inversée pourrait devenir difficile à gérer, à moins qu'un auxiliaire d'enseignement y soit présent et aide l'enseignant-facilitateur dans sa démarche.

▸ Un deuil de contenu à faire

Les enseignants ont du plaisir à enseigner et transmettre des connaissances. En classe inversée, une grande partie du travail est faite par l'apprenant. Un deuil du contenu s'opère et il faudrait l'accepter.

▸ Devoirs non toujours faits

Même en classe inversée, certains apprenants choisissent de ne pas faire leurs devoirs (Hall & DuFrene, 2016 : 238). Le cas échéant, l'enseignant-facilitateur pourrait leur donner la possibilité de consulter les matériaux ou visionner les vidéos en classe.

▸ Équipement technologique ou accès Internet non disponible pour tous les apprenants

Une clé USB (ou un DVD) peut être préparée par l'enseignant-facilitateur pour les apprenants. Une impression des documents peut également être une solution.

▸ Disposition des salles de classe

Plusieurs établissements ne possèdent pas l'équipement technologique nécessaire pour une classe inversée. Certains établissements n'ont pas de projecteurs en classe, d'ordinateurs portables ou de tablettes.

Quelquefois, les établissements disposent du matériel technologique exigé, mais n'ont pas assuré une formation cohérente (avec un suivi) pour utiliser le numérique en cours.

Les obstacles à la classe inversée existent. Face aux avantages de la classe inversée, ils demeurent minimes et peuvent être surmontés par le biais d'une planification réfléchie.

Chapitre 6 Quels types d'équipements conviennent?

Il devient de plus en plus important de penser à de nouvelles manières d'aborder l'apprentissage puisque le modèle transmissif semble être de moins en moins adapté aux apprenants et aux exigences de la société d'aujourd'hui et de demain. Une préoccupation à laquelle nous avons tenté de répondre dans les chapitres précédents est celle de savoir en quoi la classe inversée bouleverse les habitudes d'enseignement/apprentissage.

Dans une société en mutation économique, sociale et pédagogique, la modalité d'enseignement en classe inversée pourrait être incomplète si elle ne s'accompagnait pas d'une remise en cause de la configuration spatiale de la salle de classe.

1. QUELS TYPES DE CONFIGURATION SPATIALE DE SALLE EN MODALITÉ CLASSE INVERSÉE?

Force est de signaler la possibilité de faire des classes inversées dans des salles de cours traditionnelles à l'instar des images ci-dessous (en ligne ou en U). Avec un peu de créativité, l'enseignant-facilitateur recourt à la création de groupes et donne une nouvelle dynamique à la classe.

Figure 1. Salle de cours disposée pour un enseignement en présentiel en lignes traditionnelles.

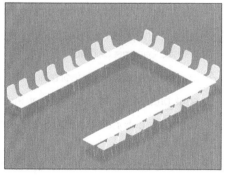

Figure 2. Salle de cours en forme de U, équipée d'un vidéoprojecteur et d'un ordinateur pour l'enseignant-facilitateur.

Par ailleurs, il convient de signaler le mariage réussi entre la technologie, l'équipement de la salle et la pédagogie. La configuration de la classe a certainement un impact sur le travail des apprenants. Le numérique est de plus en plus associé à la transformation des lieux d'apprentissage.

La configuration de la salle peut changer l'acte pédagogique, la manière d'enseigner et d'apprendre. En revanche, le nouvel espace de transformation à lui seul n'est pas déterminant ! Tout passe par des formations aux enseignants-facilitateurs sur l'utilisation du nouveau matériel et les nouvelles façons de faire, formations qui réussiront s'il y a un suivi cohérent derrière.

Figure 3. En CLAAC[1] : *classe d'apprentissage actif*.

Cette pédagogie en îlots permet d'augmenter la pratique de l'oral, mais pas seulement. On constate que les apprenants :

- ✓ prennent conscience de l'importance du lien au sein du groupe qui génère plus d'interaction et d'entraide entre eux ;
- ✓ participent plus, y compris ceux qui sont le plus en difficulté ;
- ✓ apprécient plus facilement la mise en valeur de leurs réussites et ne vivent pas l'échec comme définitif ;
- ✓ perçoivent mieux l'importance du rôle d'accompagnateur qu'a l'enseignant ;
- ✓ sont plus motivés, engagés et impliqués ;
- ✓ sont plus autonomes et apprennent à se responsabiliser par rapport aux objectifs fixés ;
- ✓ comprennent mieux l'évaluation et peuvent même y prendre part (évaluation par les pairs).

---

1. Classe d'apprentissage actif.

La disposition même de l'espace déclenche chez l'apprenant un mode de travail qu'on aurait du mal à imaginer s'il fallait passer par des consignes. Mais le changement est aussi vrai chez l'enseignant-facilitateur. Cette mise en place des espaces pédagogiques innovants oblige à envisager le travail de classe différemment. L'enseignant-facilitateur circule entre les îlots ; il est par conséquent plus proche des apprenants et donc plus à leur écoute, ce qui lui permet de mieux répondre à leurs doutes et de mieux adapter les activités à leurs besoins.

Il est important que chaque groupe constitué en îlot connaisse clairement le ou les objectif(s) à atteindre si on veut éviter le décrochage ou les moments d'égarement. Le passage entre les îlots permettra à l'enseignant-facilitateur d'y remédier le cas échéant, parfois tout simplement en rappelant la consigne. Le contrat d'apprentissage devra fixer aussi certaines règles sur la ou les langue(s) d'usage dans les échanges — et qui évoluera selon le niveau — ou le bruit, surtout chez les plus jeunes, mais sans confondre le brouhaha, gênant, avec le « bruit pédagogique » nécessaire dans des situations d'interaction.

Il existe aujourd'hui des salles modulables qui changent et fluctuent au gré des besoins et attentes de la classe – la classe est transformable, dynamique et en mouvement – afin d'en tirer le meilleur usage en fonction des activités assignées.

2. QUELS OUTILS NUMÉRIQUES AU SERVICE DE LA CLASSE INVERSÉE ?

Quand la classe inversée est en modalité mixte ou hybride[2], elle intègre des outils basiques et pertinents.

2.1. La capsule vidéo

La capsule vidéo a, parmi ses nombreux avantages, celui d'aider les apprenants à découvrir, hors classe, un concept ou une définition quelconque afin de consacrer le temps de la classe au travail collaboratif. Elle permet aux apprenants de suivre leur propre rythme. Elle permet aussi de mettre en place un apprentissage différencié (cf. partie 2). La capsule peut porter sur une notion de grammaire, sur un poème, sur un pays de la francophonie, sur un thème tel la liberté, l'amour, l'amitié, etc.

Héloïse Dufour mentionne que « certains enseignants font aussi réaliser les vidéos par les élèves, apportant ainsi des avantages pédagogiques supplémentaires : leur faire synthétiser ce qui est important, les entraîner à l'oral et les faire réfléchir à la meilleure manière de transmettre ce qu'ils ont appris, les plaçant ainsi en situation de métacognition, de connaissance sur le moyen d'accéder à la connaissance[3] ». La capsule vidéo est souvent accompagnée d'une feuille de route.

---

2. Modalité mixte ou hybride veut dire alterner le présentiel et le distanciel.
3. Dufour, H., « La Classe inversée », *Décryptage*, septembre-octobre 2014, <http://eduscol.education.fr/sti/sites/eduscol.education.fr.sti/files/ressources/techniques/6508/6508-193-p44.pdf>.

2.2. La feuille de route

Une feuille de route personnalisée mentionne le plan de travail qui devrait être fait avant la séquence, et en classe, suivi par chacun des apprenants à son rythme.

Ci-dessous se trouvent plusieurs feuilles de route[4] conçues par Marie Soulié. La première porte sur un point de grammaire « la découverte de la phrase » dans une classe de 6e. À la maison, les apprenants suivent tous le même itinéraire de découverte de la leçon. Ensuite, un parcours personnalisé est créé. Les apprenants ne suivent pas tous le même itinéraire. Dans la légende apparaît un itinéraire obligatoire à tous les apprenants, des itinéraires au choix et un itinéraire bonus. En outre, sur cette feuille de route/plan de travail, sont mentionnés les liens vers les activités individuelles et vers les activités du groupe ainsi que les étapes à suivre.

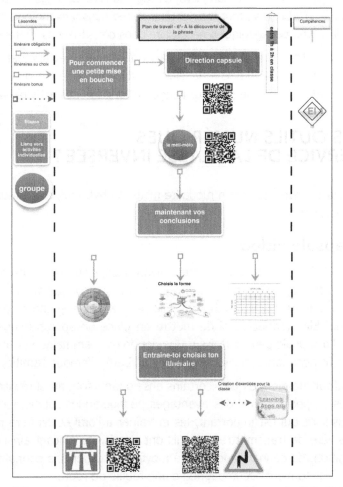

Figure 4. Exemple 1 de feuille de route, Marie Soulié, « La découverte de la phrase ».

---

4. Appelée aussi plan de travail.

Chapitre 6 • Quels types d'équipements conviennent ?

Un autre exemple porte sur un poème de Victor Hugo « Demain dès l'aube » dans une classe de 4e. Il suit la même démarche : une capsule mise en bouche obligatoire pour tous les apprenants à travers deux ressources (à la maison). Une fois leurs impressions sur le texte données, les apprenants s'entraînent (en classe) avec leur îlot en choisissant leurs itinéraires sous forme de mandala ou de carte conceptuelle. Ils créent ensuite, en classe, deux chefs-d'œuvre : un nuage de mots avec les mots les plus importants du poème et un poster sur le poème. Le parcours bonus consiste à créer un quiz sur le lyrisme.

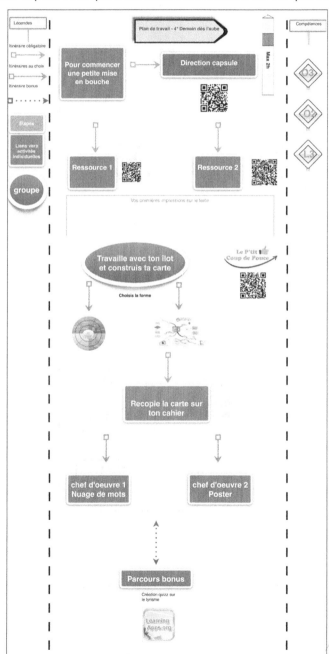

Figure 5. Exemple 2 de feuille de route, Marie Soulié, « Un poème de Victor Hugo "Demain dès l'aube" ».

L'exemple 3 de feuille de route porte sur les fables de la Fontaine. La première page constitue la feuille de route à réaliser à la maison en travail individuel, les deuxième et troisième pages constituent les activités qui se dérouleront en classe, en groupe.

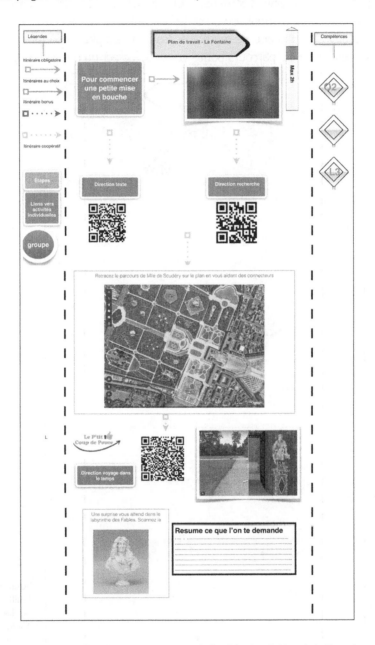

Figure 6. Exemple 3 de feuille de route, Marie Soulié, « Les fables de la Fontaine ».

2.3. Le questionnaire en ligne

Le questionnaire en ligne accompagnant la capsule vidéo à visionner à domicile permettra aux apprenants de répondre à des questions simples testant leur compréhension et leur donnant une remédiation efficace et immédiate. Le questionnaire en ligne permet à l'enseignant-facilitateur de savoir où en est chaque apprenant dans son apprentissage. Si plus de la moitié de la classe n'a pas su répondre à l'une des questions, il faut la revisiter pour l'ensemble de la classe (voire modifier la capsule vidéo qui pourrait porter des incompréhensions).

L'exemple ci-dessous est un questionnaire en ligne. Il est en général court et contient deux à trois questions : le nom de l'apprenant, le contenu de la capsule et ce qui reste non compris après le visionnement et sur lequel l'apprenant souhaite poser des questions.

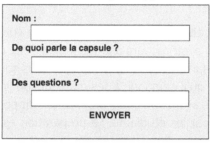

Ci-dessous figure une illustration des réponses des apprenants au questionnaire en ligne.

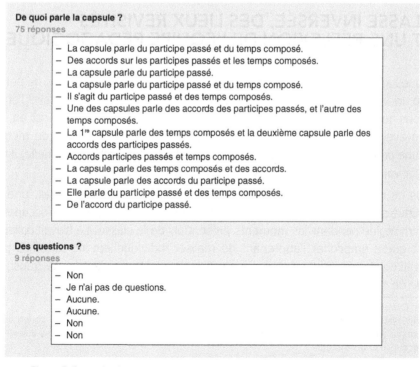

Figure 7. Exemple de questionnaire en ligne suite au visionnement de la capsule.

2.4. Un ordinateur relié à un vidéoprojecteur (en classe)

A minima un ordinateur relié à un vidéoprojecteur est nécessaire dans les équipements de la classe inversée. Si la classe est équipée en modalité îlots, chacun des îlots a son écran (souvent tactile et interactif), son vidéoprojecteur et ses ordinateurs.

3. PEUT-ON FAIRE DE LA CLASSE INVERSÉE SANS TECHNOLOGIE ?

Nous répondons par l'affirmative à cette question. Être en modalité classe inversée pourrait ne nécessiter aucun recours particulier à la technologie même si celle-ci en facilite la mise en place.

La classe inversée pourrait être entièrement construite sur la lecture d'articles ou de chapitres de livres sans avoir recours à la technologie (cf. chapitre 2). Éric Mazur, professeur de physique à Harvard University, explique dans son livre *Peer Instruction*[5] (l'instruction par les pairs) qu'il demande à ses étudiants de lire son ouvrage de référence et ses notes de cours avant son cours proprement dit pour consacrer ce dernier aux difficultés exprimées par les étudiants. La préparation est effectuée sur la base du manuel ou des photocopies. Aucune technologie n'est requise[6].

4. CLASSE INVERSÉE, DES LIEUX REVISITÉS ET UNE RÉFLEXION DE L'ÉQUIPE PÉDAGOGIQUE

La question des lieux dédiés à la classe inversée semble simple, mais ne peut être résolue en la renvoyant uniquement à un choix individuel. Elle devra faire l'objet de réflexions au sein de l'équipe pédagogique, mais aussi de la direction, car en étroite relation avec le projet d'établissement. Et si celui-ci a pour objectif de mettre en avant une pédagogie active basée sur le projet et une démarche actionnelle, il faudra repenser voire revisiter les espaces statiques des salles de classe.

Dans ce dispositif de classe inversée avec un équipement adéquat, une autre dynamique s'instaure où collaboration et coopération entre apprenants occupent une place privilégiée pendant les moments présentiels de la classe. Le travail collaboratif ne doit guère empêcher l'apprenant de réaliser individuellement certaines phases du travail de classe ni l'empêcher d'avoir recours ponctuellement à une transmission frontale de certains contenus.

---

5. Mazur, E., *Peer instruction*, Pearson, new international edition: a user's manual, 2013.
6. À l'université de Montréal, en Sciences de l'Éducation, la doyenne Pascale Lefrançois donne son cours de didactique du français écrit pour les futurs enseignants de français en modalité classe inversée, sans aucun recours à la technologie.

Chapitre 7 Quels conseils donner aux enseignants-facilitateurs ?

La classe inversée n'est pas une formule magique capable de résoudre tous les problèmes de l'éducation[1]. Ce n'est pas parce qu'on commence à intégrer le numérique dans les cours que la classe inversée va nécessairement fonctionner.

Voici quelques conseils pour les enseignants-facilitateurs qui souhaitent se lancer dans la classe inversée.

▸ Croire en la pédagogie inversée et l'adapter à son propre style d'enseignement, à sa personnalité

Il y a autant de classes inversées que d'enseignants inverseurs. Il faut être à l'aise avec ce dispositif, avec ce qui est proposé aux apprenants. Il faut s'assurer d'avoir les conditions gagnantes pour démarrer une classe inversée.

▸ Se mettre dans la peau de l'apprenant

Essayons de nous mettre dans la peau d'un apprenant en nous posant la question suivante « Si j'étais étudiant, de quelle façon j'aimerais apprendre ? »

La réponse est presque toujours la même : « J'aimerais être actif, le plus actif possible. Posez-moi des questions, faites-moi compléter des tableaux, faites-moi faire un schéma, une carte conceptuelle, un mandala, un tableau comparatif, faites-moi travailler avec l'information et rendez-moi l'information pour qu'elle me soit accessible de façon autonome, c'est ainsi que je me l'approprie… ». En effet, la construction du savoir se fait en jonglant avec les connaissances et les compétences, en les organisant, en les travaillant.

▸ Travailler en modalité « classe inversée » quand on commence à enseigner

Si un enseignant novice souhaite utiliser des méthodes d'apprentissage actif dès le début de son enseignement, il serait préférable – avant de se lancer en modalité classe inversée – qu'il constitue une banque de données sur sa matière (ce qui existe déjà sur la toile) ou qu'il s'appuie sur les préparations de ses collègues dans une

---

[1]. Rotellar, C., et Cain, J., « Research, Perspectives, and Recommendations on Implementing the Flipped Classroom. », *American Journal of Pharmaceutical Education*, Volume 80, Issue 2, Article 34. 2016.

démarche de mutualisation de contenus. Il est toutefois conseillé d'attendre d'avoir une année ou deux d'expérience avant de passer en modalité « classe inversée ».

▸ **Utiliser le matériel des autres pour gagner du temps**

La toile regorge d'informations. Créer ses propres matériaux à partir de zéro est une possibilité, mais les innovations et les idées se partagent. Ainsi, il ne faut pas avoir peur de collaborer avec d'autres collègues ou utiliser le matériel des autres enseignants de français qui est accessible en ligne à tous. Il faut arrêter de réinventer en permanence surtout si le matériel est produit sous la licence « *creative Commons* » afin qu'il soit réutilisé ou partagé par les autres.

Pour mutualiser et partager notre production didactique avec la communauté des enseignants de français dans le monde, on peut ajouter une licence « *creative Commons* » au copyright. Concernant ce point, il est important que les mentalités et les pratiques évoluent.

Prenons par exemple une capsule vidéo sur une règle de grammaire quelconque. S'il se trouve sur la toile huit capsules vidéo sur le même sujet, faut-il hésiter entre créer une neuvième capsule vidéo (qui serait la mienne) ou choisir parmi les huit celle qui semble être la plus adaptée ? Autant utiliser les ressources existantes, surtout si elles sont pertinentes. Cependant l'enseignant-facilitateur peut préférer créer un matériel personnalisé en adéquation avec ses besoins (Voir partie 2 : Mise en œuvre).

▸ **Se lancer, au départ, dans une séquence ou deux de classe inversée et instaurer une hygiène de travail**

Un autre conseil aux enseignants-facilitateurs serait de ne pas se lancer à 100 % dans la classe inversée, mais de commencer par la mettre en pratique ponctuellement. Cependant, le choix de la séquence (durée de deux ou de trois semaines par exemple) doit être suffisamment important, car si les apprenants ne sont pas habitués à se préparer avant de venir en classe (visionner les capsules vidéos, lire un texte, faire une recherche, répondre à un quiz, etc.), et qu'on leur demande une fois de temps en temps ce type de travail préparatoire, l'habitude ne sera pas installée.

▸ **Faire adhérer les apprenants (l'établissement et les parents) à la classe inversée**

Il faut leur expliquer le fonctionnement du cours, l'importance de préparer le travail à domicile, le déroulement des activités en salle de classe, le système d'évaluation suivi et surtout les avantages de la classe inversée.

Chapitre 8 Quelle rétroaction et comment évaluer les travaux des apprenants ?

L'évaluation n'est pas un acte supplémentaire dans l'environnement de la classe. Les gestes évaluatifs, indissociables de ceux de l'éducation ou de la formation, incitent le praticien à réfléchir sur la portée de ses actes et à envisager le type d'interaction qu'il favorise en classe[1].

Si la classe inversée a recours à l'évaluation sommative, il n'en demeure pas moins que le nerf de la guerre est l'évaluation formative/formatrice dans une pédagogie de l'accompagnement, de l'encouragement et de la bienveillance.

1. QU'EST-CE QUE L'ACTE D'ÉVALUER DANS UNE CLASSE INVERSÉE ?

La réponse est nuancée. L'évaluation au sein d'une classe inversée mise davantage, sans négliger l'évaluation sommative, sur la remédiation, la régulation des apprentissages, la pédagogie de l'accompagnement et de l'encouragement de l'apprenant tout au long de son processus d'apprentissage, ce qui facilite grandement la démarche d'apprentissage et aboutit à des évaluations sommatives en général plus performantes. Ainsi, comme le dit Allal[2], une évaluation est un pont dynamique entre l'apprentissage et l'enseignement.

Dans une classe inversée, l'évaluation met en lumière la motivation des apprenants car elle se focalise sur les progrès réalisés, sur la conscientisation pour réguler ou autoréguler son apprentissage et sur l'aide à apprendre à apprendre, précise et personnalisée. C'est donc la philosophie de l'acte d'évaluer qui diffère dans une classe inversée par rapport à l'acte d'évaluer dans un enseignement frontal.

---

1. Jorro, A. et Crocé-Spinelli, H., *Le développement de gestes professionnels en classe de français. Le cas de situations de lecture interprétative*, Didactique du français, Pratiques linguistique, littérature, didactique, 2010, p. 125-140.
2. Allal, L., « L'évaluation, un pont entre enseignement et apprentissage à l'Université » in Romainville, M. Gaasdoué, R. et Vantourout, M., *Évaluation et enseignement supérieur, Bruxelles*, De Boeck, 2013, p. 21-40.

2. LES DIFFÉRENTS TYPES D'ÉVALUATION DANS UNE CLASSE INVERSÉE

2.1. L'évaluation au service de l'apprentissage (ou évaluation formative/formatrice)

L'évaluation formative sert à éclairer les enseignants sur ce que les apprenants comprennent et elle leur permet de planifier et d'orienter l'enseignement tout en fournissant une rétroaction utile aux apprenants. Quelques exemples d'évaluation formative méritent d'être mentionnés : le journal de bord, le portfolio, un projet collaboratif, une tâche complexe, une simulation globale, une étude de cas courte/longue, une résolution de problèmes, une dissertation, des rapports de lecture, un article, des QCM/réponse courte ou longue (avec des prévisions et commentaires à apporter), des questions à développement, un jeu de rôle, un exposé oral, un débat, des bilans réflexifs, etc.

En tentant de trouver une définition pertinente de l'évaluation formative, celle de Gérard Scallon a retenu notre attention. L'évaluation formative est « un processus d'évaluation continue ayant pour objectif d'assurer la progression des individus engagés dans une démarche d'apprentissage ou de formation, selon deux voies possibles : soit par des modifications de la situation ou du contexte pédagogique, soit en offrant à chaque individu l'aide dont il a besoin pour progresser et ce, dans chacun des cas, pour apporter, s'il y a lieu, des améliorations ou des correctifs appropriés.[3] »

Être évalué pour mieux apprendre est l'un des fondements même de la classe inversée ! Dans l'évaluation formative — si jamais une note est attribuée — c'est à titre indicatif qu'elle l'est (et elle ne comptera pas pour la moyenne). Ce qui nous amène dans cette partie à nous pencher sur l'importance de la remédiation, à comprendre et à approfondir la dynamique de la rétroaction dans une évaluation qu'elle soit formative ou sommative.

L'évaluation formative permet, entre autres de poser un diagnostic, d'orienter la régulation des apprentissages et de planifier des activités de remédiation (une démarche précieuse pour la classe inversée).

2.2. L'évaluation de l'apprentissage (ou évaluation sommative/certificative)

L'évaluation sommative consiste à recueillir les renseignements à la suite de l'évaluation « permettant aux élèves, aux enseignants et aux parents, ainsi qu'à la communauté éducative au sens large, d'être informés sur les résultats d'apprentissage

---

3. Scallon, G., *L'Évaluation formative des apprentissages*, Québec, Canada, 1988.

atteints à un moment précis afin de souligner les réussites, planifier les interventions et continuer à favoriser la réussite »[4].

L'évaluation sommative « permet ainsi de confirmer ce que l'élève a appris, d'élaborer un classement, de voir s'il possède les qualifications requises pour passer à la prochaine année scolaire, mais surtout, s'il possède les prérequis pour l'obtention d'un diplôme[5]. »

2.3. L'évaluation en tant qu'apprentissage : rétroaction et régulation

Elle permet aux apprenants de prendre conscience de leurs méthodes d'apprentissage et d'en profiter pour ajuster et faire progresser leurs apprentissages en assumant une responsabilité accrue à son égard (cf. *infra* pour plus de détails).

La rétroaction peut trouver sa place à la fois dans l'évaluation formative et sommative. La première (l'évaluation formative) apporte un accompagnement et un encouragement à l'apprenant, de l'information sur ses acquis/ses compétences en construction et permet de situer sa progression/son évolution par rapport à un objectif donné. La deuxième (évaluation sommative) regroupe des énoncés liés à l'évaluation des apprentissages[6] (travaux, examens, tests, exposés ou autres formes de contrôle) ainsi que des énoncés portant sur la rétroaction faite, suite aux évaluations.

Développons les trois moments forts de la rétroaction.

2.3.1. L'évaluation diagnostique[7] dans une classe inversée

Trois exemples d'évaluation diagnostique seront proposés, à savoir les QCM (ou questions à choix multiples), le point le plus nébuleux et l'exercice sémantique.

✓ Les Questions à Choix Multiples (QCM) (5 minutes)

Les QCM nécessitent la compréhension des concepts enseignés. Les apprenants écrivent leurs réponses, puis travaillent en binômes pour en discuter. Les QCM sont utiles pour évaluer la compréhension des apprenants, déterminée par le nombre de bonnes réponses. Les QCM — qu'il soit en version papier ou numérique — permettent aussi à l'enseignant de mieux structurer son cours.

---

4. Éducation et formation, Manitoba, <http://www.edu.gov.mb.ca/m12/eval/role.html>.
5. Hubert, B., *L'évaluation : un élément crucial du processus d'apprentissage*, 2015. <http://rire.ctreq.qc.ca/2015/06/evaluation-apprentissage/>.
6. Il convient de distinguer l'évaluation des apprentissages (les rendus des apprenants) de l'évaluation des enseignements/ou évaluation de l'enseignant (qui porte sur le cours et la façon avec laquelle il a été donné).
7. Elle est aussi appelée évaluation prédictive.

✓ Le point le plus nébuleux (1-2 minute(s))

L'enseignant demande aux apprenants de nommer sur un petit papier le point le moins clair du cours et sur lequel ils souhaiteraient revenir au début de la séance suivante.

✓ Un exercice sémantique (5-10 minutes)

Dans un cours de français de l'entreprise par exemple, l'enseignant peut demander aux apprenants de noter individuellement ce qu'est et ce que n'est pas pour eux une entreprise. Ensuite, en binôme, les apprenants discutent de leurs propositions. Enfin, ils essaient de formuler une définition de l'entreprise.

Ce qu'est l'entreprise pour moi	Pour moi, ce que n'est pas l'entreprise...

Tableau 1. Exercice sémantique.

2.3.2. La régulation immédiate en classe inversée

Trois exemples de régulation immédiate seront considérés ci-dessous à savoir le « questionnaire-minute », appelé aussi le « papier-minute », le « rappel libre périodique » et la « minute de réflexion écrite ».

✓ Le questionnaire-minute (1 minute)

En fin de cours, l'enseignant-facilitateur demande aux apprenants de répondre à deux questions :

1. Qu'est-ce que vous avez appris de plus important dans le cours aujourd'hui ?
2. Quelle est la question à laquelle vous n'avez pas obtenu de réponse ?

L'enseignant-facilitateur lit les réponses afin de donner une rétroaction et de répondre aux questions au cours suivant.

✓ Le rappel libre périodique (3 minutes)

L'enseignant-facilitateur demande aux apprenants de compléter les trois phrases suivantes :

1. Le point le plus important est...
2. Un bon exemple de l'application de ce point est...
3. Ce que je ne saisis pas très bien est...

L'enseignant-facilitateur laisse 2-3 minutes aux apprenants, puis leur demande leurs réponses.

✓ La minute de réflexion écrite (5 minutes)

L'enseignant-facilitateur pose une question à laquelle les apprenants répondent individuellement par écrit. Ils partagent d'abord les réponses en binômes, puis ils partagent leurs réflexions avec le reste de la classe.

2.3.3. L'autoévaluation

L'autoévaluation consiste à impliquer les apprenants dans leur processus d'évaluation. On peut éventuellement les aider à réaliser leur autoévaluation, notamment les apprenants les plus jeunes ou les plus en difficulté. Mettre en œuvre des situations d'autoévaluation contribue non seulement au développement de la capacité métacognitive à s'autoévaluer, mais aussi au développement de la motivation centrée sur la maîtrise et l'apprentissage[8].

3. LA DIFFÉRENCIATION EN ÉVALUATION[9] : CONDITION ESSENTIELLE À LA LUTTE CONTRE L'ÉCHEC DANS UNE CLASSE INVERSÉE

Le terme de pédagogie différenciée désigne « un effort de diversification méthodologique susceptible de répondre à la diversité des élèves[10] ». La littérature nous informe que le matériel conçu pour apprenants ayant des besoins spécifiques est souvent bénéfique pour tous les apprenants.[11] Pour Philippe Meirieu, « différencier, c'est avoir le souci de la personne sans renoncer à celui de la collectivité[12]. »

Selon le MELS[13], dans L'évaluation des apprentissages au secondaire cadre de référence, la différenciation pédagogique « est avant tout une manière de penser l'enseignement, l'apprentissage et l'évaluation, une philosophie qui guide l'ensemble des pratiques pédagogiques. C'est une façon d'exploiter les différences et d'en tirer avantage »[14].

Pour sa part, le Conseil supérieur de l'éducation indique que la différenciation pédagogique « est une démarche qui consiste à mettre en œuvre un ensemble diversifié de moyens et de procédures d'enseignement et d'apprentissage afin de permettre à

---

8. Musial, M., Pradère, F. et Tricot, A., *Comment concevoir un enseignement ?*, Bruxelles, De Boeck, 2012.
9. MELS, *L'évaluation des apprentissages au secondaire cadre de référence*, Québec, Canada, 2006, p. 27.
10. Louis Legrand, *La Différenciation pédagogique*, Paris, Éditions du Scarabée - CEMEA, 1984.
11. Eid, C., « Comment implanter des activités implicatives et des jeux sérieux en classe de FLE ? Donner âme aux grands groupes. », *Reflets AQEFLS*, 2016, 33, 29-30.
12. Philippe Meirieu, *Enseigner, scénario pour un métier nouveau*, Paris, ESF, 1989.
13. MELS : ministère de l'Éducation, du Loisir et du Sport du gouvernement du Québec.
14. *Ibid.*, p. 27.

des élèves d'âges, d'aptitudes, de compétences et de savoir-faire hétérogènes, d'atteindre par des voies différentes des objectifs communs et, ultérieurement, la réussite éducative[15] ».

Les enseignants ont depuis toujours constaté les différences entre les apprenants de leur classe et tenté de répondre le mieux possible aux besoins de chacun. Chaque enseignant doit en effet, à l'intérieur de sa pratique quotidienne, faire face à la difficulté d'accompagner des jeunes différents les uns des autres. Dans leur pratique, les enseignants recourent à une différenciation souvent intuitive et spontanée. Le défi actuel est donc de rendre cette différenciation plus formelle et surtout planifiée, soutenue par une intention pédagogique claire et concertée.

3.1. Quelques principes de différenciation pédagogique pour l'évaluation au sein d'une classe inversée

La différenciation profite à tous les apprenants, qu'ils soient particulièrement doués ou en grande difficulté. Comme le montre le schéma ci-dessous, une flexibilité pédagogique s'impose. Sans changer la nature ni les exigences de ce qui est évalué, un aménagement et des modifications s'opèrent pour les apprenants ayant des besoins particuliers.

L'outil peut être varié pour atteindre les mêmes objectifs, chacun à son rythme. Ainsi selon les besoins des apprenants, une flexibilité pédagogique, une adaptation, ou une modification peuvent s'opérer.

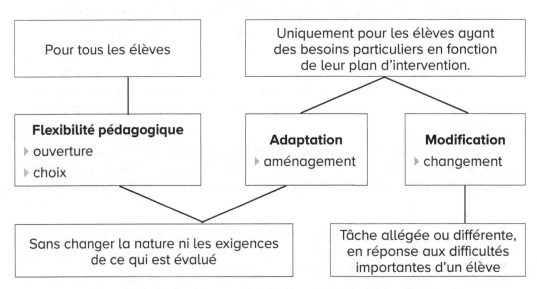

Figure 1. L'évaluation des apprentissages au secondaire cadre de référence, MELS, Québec, Canada, 2006, p. 29.

---

15. *Ibid.*, p. 27.

3.2. Exemples de pratiques évaluatives de différenciation pédagogique[16] dans une classe inversée

Le portfolio de l'apprenant incite à la différenciation pédagogique et des pratiques évaluatives : chaque apprenant va à son propre rythme et personnalise son apprentissage comme bon lui semble. Les apprenants deviennent des praticiens réflexifs, capables de réfléchir de manière critique sur leur pratique professionnelle et sur leur façon d'apprendre» (Dochy, 2001).

Pour les travaux écrits, l'enseignant-facilitateur peut différencier les contenus ou le sujet de la tâche. Il peut offrir aux apprenants deux sujets différents qui permettent le développement de la même compétence. Il peut également leur demander de produire un texte médiatique pour différents destinataires, texte plus ou moins étoffé selon le rythme de l'apprenant.

En lecture, l'enseignant-facilitateur peut diminuer le nombre de critères d'évaluation pour un apprenant ayant des besoins particuliers.

Pour le projet personnel d'orientation, les apprenants sont amenés à partager leur réflexion en ayant la possibilité de le faire de façons variées (projection multimédia, vidéo, maquette, carte conceptuelle, etc.). La durée de la tâche à réaliser peut-être différente selon l'apprenant, certains poussant plus loin leur réflexion. La présentation de projets permet à des apprenants de produire une affiche, à d'autres, de créer un sketch ou une chanson.

Il est donc possible de différencier à la fois la production et le processus. Donner des choix parmi différentes propositions de création en arts permettra aussi de différencier productions et processus[17].

---

16. Les exemples sont puisés de *L'évaluation des apprentissages au secondaire cadre de référence*, Québec, Canada, MELS, 2006, p. 34.
17. *Ibid.*, p. 34-35.

Deuxième partie

Mise en œuvre de la classe inversée

1. INTRODUCTION

Nous proposons ici une méthodologie afin de concevoir une capsule vidéo pédagogique pour la classe inversée en y associant sa feuille de route pour une publication en ligne.

Cette mise en œuvre s'appuie sur le type 1 de la classe inversée (voir partie 1, chapitre 2 : « 4. les 3 types de classe(s) inversée(s) »). C'est le type le plus connu du grand public ; il constitue l'un des fondements de l'existence de ce courant pédagogique.

2. QUESTIONS PRÉALABLES À LA MISE EN ŒUVRE DE LA CLASSE INVERSÉE

Afin de mettre en œuvre la classe inversée via le numérique et des capsules vidéo, il est nécessaire, dans un premier temps, de **connaître les outils dont on dispose dans sa classe et son établissement**.

Il est préférable de ne pas présupposer que tous les apprenants disposent d'un ordinateur à la maison ainsi que d'une connexion Internet sauf si, par chance, le thème de l'innovation est inclus dans le projet d'établissement (distribution de tablettes ou d'ordinateurs portables pour tous en début d'année scolaire, projet AVEC[1] par exemple). De cette manière, aucun apprenant ne se sentira défavorisé. Pour cette raison nous vous proposons un **petit sondage** afin de dégager plusieurs variantes possibles de cette mise en œuvre de la classe inversée en fonction des réponses.

2.1. Proposition de questions à poser aux apprenants avant de lancer une première activité classe inversée

Questions pour faire le point sur les outils numériques disponibles

	Oui	Non
✓ Disposez-vous d'un smartphone avec une connexion Internet ?	❏	❏
✓ Disposez-vous d'un ordinateur personnel avec une connexion Internet ?	❏	❏
✓ Disposez-vous d'une tablette avec connexion Internet ?	❏	❏

Suivant les réponses à ce sondage, il sera possible d'envisager de travailler prioritairement avec l'un de ces outils (smartphone, ordinateur ou tablette). Si certains des apprenants répondent « non » aux trois questions, il faudra trouver une solution commune à tous afin de ne désavantager personne, comme par exemple le passage en salle informatique de l'établissement afin de visionner la capsule vidéo.

---

1. AVEC = Apportez votre équipement personnel de communication. Plus connu sous l'abréviation anglaise BYOD (« Bring your Own Device »).

2.2. Variantes possibles pour la mise en œuvre

Résumé des configurations possibles

1. Enseignant-facilitateur et apprenants disposent d'une tablette ou d'un ordinateur portable car l'établissement en a fait au préalable la distribution, ou les apprenants sont déjà tous équipés (usage personnel) : utiliser les tablettes ou les ordinateurs portables.
2. Une partie seulement des apprenants disposent d'un ordinateur ou d'une tablette mais tous ont un smartphone connecté : privilégier l'utilisation des smartphones.
3. Peu d'outils connectés côté apprenant mais présence d'une salle informatique dans l'établissement : utiliser la salle informatique connectée.
4. Si pas de connexion pour les apprenants et peu d'outils : visionnage de la capsule durant le cours.

Variantes possibles afin de mettre en œuvre la classe inversée en fonction des réponses des apprenants	
Variante 1	Les apprenants visionnent les capsules et répondent aux questions de la feuille de route **depuis un smartphone, l'ordinateur ou une tablette hors classe.**
Variante 2 Si wi-fi dans l'établissement partagé avec les apprenants.	Les apprenants visionnent les capsules et répondent aux questions de la feuille de route **avant la classe depuis l'établissement ou en classe** avec les outils dont ils disposent (tablette, smartphone, portable).
Variante 3 Si connexion Internet dans l'établissement uniquement depuis une salle informatique.	Les apprenants visionnent les capsules et répondent aux questions de la feuille de route **depuis une salle informatique de l'établissement.**
Variante 4 Si pas de connexion Internet dans l'établissement ni salle informatique.	Vidéo-projeter la capsule pour le groupe-classe et distribuer, sous format papier, le scénario de la capsule ainsi que les questions de la feuille de route.

3. CAPSULES VIDÉO ET CLASSE INVERSÉE

Définition possible d'une capsule vidéo

Une suite de diapositives agencées et structurées (cohérence interne) sous la forme d'une vidéo en vue d'abord, transmettre des informations sur une notion, un thème précis à partir de ressources variées (images, photos, textes, dessins) avec des commentaires et/ou des explications audio. La capsule peut inclure des animations afin de faciliter le suivi et la compréhension de la lecture.

Durée d'une capsule vidéo

Une capsule vidéo pédagogique dure entre 2 et 5 minutes (en moyenne 2-3 minutes). Cela peut paraître peu mais nous verrons qu'elle contient beaucoup d'informations. Plusieurs capsules peuvent illustrer un même thème complexe divisé en plusieurs parties (capsule 1 = partie 1, capsule 2 = partie 2...).

3.1. Unité didactique FLE et capsules vidéo

Pour rappel, l'unité didactique FLE comprend 4 phases (précisées dans le tableau ci-après) :

Phase 1 : L'exposition

Phase 2 : Le traitement

Phase 3 : La fixation / appropriation

Phase 4 : La production

La mise à disposition de capsules vidéo est possible durant les phases 1, 2 et 3. La phase de production orale et/ou écrite sera réservée à des activités de classe.

Il est ainsi possible d'adapter cette démarche en se situant sur l'une des 3 phases, sur 2 phases, ou sur les 3.

Unité didactique FLE[2]	
Moments capsules vidéo* et activités de classe	
1. L'exposition	• Anticipation • Compréhension globale • Compréhension détaillée *Exemple :* Capsule de la fiche n° 4 « Compléter une planche de bandes dessinées ».
2. Le traitement	• Repérage • Conceptualisation *Exemple :* - Capsule de la fiche conceptualisation, fiche n° 3 « Introduction à la poésie, savoir composer quelques vers simples »
3. La fixation / appropriation	• Systématisation *Exemple :* - Les capsules qui font le point sur une notion (grammaire...).
4. La production À réaliser en classe	• Production orale et /ou écrite (en classe)

* Une capsule vidéo peut aussi bien être utile pour aborder, introduire une notion, un thème que pour le finaliser sous la forme d'un résumé, d'un récapitulatif.

Voici quelques exemples de commentaires pour introduire le visionnage d'une capsule, en fonction de chaque phase :

1. Phase de réception : « Grâce à cette capsule nous allons découvrir, aborder tel ou tel sujet en vue de... »

2. Phase de traitement de la langue : « Grâce à cette capsule vous serez capable de reconnaître, identifier, repérer... »

3. Phase de traitement de la langue et phase de fixation / appropriation : « Grâce à cette capsule vous serez capable de connaître, utiliser, comprendre... »

---

[2]. Valérie Lemeunier : « élaborer une unité didactique à partir de documents authentiques », sur le site francparler.org (http://www.francparler-oif.org/images/stories/dossiers/lemeunier2006.htm).

3.2. Outils et réalisation des capsules vidéo

Il existe différents outils – en ligne ou hors ligne – pour la réalisation de capsules vidéo. Il existe aussi des outils pour créer des tableaux. Quel que soit l'outil choisi, la méthodologie générale reste applicable.

Différentes possibilités et outils afin de réaliser une capsule vidéo (tableau non exhaustif)	
Avec utilisation d'un stylet (tablettes, ordinateurs hybrides ou portables avec stylet)	Captures d'écrans vidéo avec écriture simultanée : • **ShowMe** ; • **Explain Everything** ; • **Educreations**
Sans utilisation d'un stylet (PC, Mac, certaines tablettes, portables)	Captures vidéo d'écrans du scénario + commentaires audio sous format Google Slides, PowerPoint, Prezi, carte mentale… avec : • **Screencast-O-Matic** : version gratuite jusqu'à 15 minutes ce qui est largement suffisant. Téléchargement possible du programme pour travailler hors ligne. • **Showmore** : accessible en ligne • **Adobe Spark Vidéo** : accessible en ligne • **Screencastify** : extension pour navigateur Google Chrome + Compte Gmail pour enregistrer sur le Drive les vidéos. Version gratuite jusqu'à 10 minutes avec possibilité d'exporter directement sur YouTube. • **Loom** : Extension pour navigateur Google Chrome https://www.useloom.com/?ref=137365
Applications en ligne afin de réaliser des capsules vidéo animées et ludiques	Applications en ligne types **PowToon** ou **Moovly** (pour des vidéos avec des animations ludiques et animées mais demande plus de temps de réalisation). Enregistrement du script audio en ligne depuis l'application ou hors ligne avec le logiciel audacity (téléchargeable gratuitement).

Suivant votre niveau en TICE et votre motivation, certains outils paraîtront plus faciles, plus ludiques, plus intuitifs mais les fonctionnalités (insérer des images, de l'audio, ajouter du texte, une diapositive, des animations…), même si elles se présentent sous différentes formes, se ressemblent beaucoup.

3.3. Pourquoi réaliser soi-même une capsule vidéo ?

Réaliser soi-même une capsule vidéo n'est pas obligatoire car il existe déjà sur le Web des capsules vidéo sur un grand nombre de thèmes (cf. chapitre 7). Vous devriez en trouver une qui corresponde à votre thématique. Mais quelle est sa valeur pédagogique ?

Certaines capsules sont expérimentales ou de simples tests, d'autres sont adaptées pour un enseignant particulier, d'autres encore peuvent être réalisées maladroitement. Pour s'initier à la classe inversée via les capsules vidéo, il est préférable de commencer avec du bon matériel pédagogique, adapté à votre contexte d'enseignement et sur lequel vous pourrez vous appuyez en toute confiance, c'est-à-dire dont vous maîtrisez les étapes et le contenu de A à Z.

Dans cette optique, réaliser soi-même une capsule vidéo vous permettra de :

- connaître les étapes de conception-réalisation d'une capsule vidéo ;
- être conscient, à chaque étape, des difficultés et du travail que cela implique ainsi que de la durée ;
- avoir un regard d'expert sur les capsules réalisées par d'autres, c'est-à-dire être capable d'identifier les critères de qualité d'une capsule, et ainsi de mieux les sélectionner ;
- avoir une capsule réellement adaptée à votre public et à votre contexte d'enseignement.

4. MÉTHODOLOGIE DE CONCEPTION-RÉALISATION D'UNE CAPSULE VIDÉO PÉDAGOGIQUE

Pour rappel, la capsule vidéo correspond à la partie transmissive de votre séquence, ce que l'on nomme traditionnellement la « leçon » c'est-à-dire l'objectif d'enseignement. Elle traite d'une notion précise en général, d'un sujet qui sera traité, approfondi ensuite durant des activités en classe (voir chapitre 3). La capsule sera d'abord visionnée en dehors de la classe (chez soi par exemple).

La réalisation de votre première capsule vidéo vous demandera du temps. Toutefois cela varie en fonction de la notion ou de l'information que vous avez choisi de traiter ainsi que de l'outil avec lequel vous travaillerez. Avec un peu de pratique, vous pourrez adapter votre méthode et vous passerez d'une étape à l'autre plus rapidement.

4.1. Les destinataires de la capsule vidéo

Au préalable, Il faut déterminer qui seront les **destinataires** car le contenu et le niveau d'exigence de la capsule en dépendent.

Une capsule peut s'adresser :

- à votre classe seulement (possibilité d'établir des liens avec la classe, des anecdotes particulières, de s'adapter à un contexte spécifique) ;
- à votre classe et à des collègues du même établissement et/ou d'autres collègues du même pays ;
- à tous via Internet (enseignants et apprenants d'autres pays). Dans ce cas, la capsule devra être compréhensible et transparente pour d'autres cultures (éviter un humour spécifique, par exemple).

4.2. Les étapes de création d'une capsule vidéo : de la conception à la réalisation

La création ou production d'une capsule vidéo se divise en deux étapes essentielles : **la conception et la réalisation**.

Important : pour mener à bien ces deux phases, nous avons choisi de travailler avec Google Drive. Google Drive est accessible depuis un compte Gmail ou depuis une autre adresse e-mail, mais dans ce dernier cas il faut au préalable l'associer au Drive (option lisible lors de la création d'un compte Google). Le plus simple est d'utiliser votre compte Gmail ou d'en créer un afin d'avoir accès à tous les outils de Google.

Nous vous proposons deux démarches au choix afin de réaliser une capsule vidéo :

- **Option 1 : facile ;** à partir d'une présentation type PowerPoint ou en ligne avec Google Slides (voir partie conception de la capsule) et d'un logiciel de capture d'écrans vidéo comme Screencast-O-Matic (https://screencast-o-matic.com/).

Remarque : cette démarche vous demandera peu de temps et sera efficace même si elle comporte peu d'animations.

- **Option 2 : difficile ;** à partir d'une application en ligne telle que PowToon (https://www.powtoon.com/) afin de regrouper textes, images, audio, animations sous la forme d'une vidéo ludique.

Remarque : cette démarche demande une maîtrise plus grande de la partie technique du programme (présence d'une ligne de temps, importations de ressources internes et externes au programme...) mais le résultat sera une vidéo très animée et ludique grâce à l'ajout de personnages avec des expressions différentes, de bulles, d'objets animés... Conception et réalisation sont ici deux étapes bien distinctes.

4.3. Étapes de conception d'une capsule vidéo pédagogique

C'est la partie « auteur » de votre capsule, elle consiste à :
- définir le thème de votre capsule ;
- écrire le scénario ;
- écrire le script audio et choisir les ressources (images, dessins, schémas...).

Cette phase de conception peut être élaborée directement depuis un document Google Slides en ligne ou à partir d'un PowerPoint.

Exemple de 3 diapositives avec la présentation de la fiche « Introduction à la poésie ».

Diapositive 1	Diapositive 2 (ajout d'une flèche et d'une 2ᵉ ligne)	Diapositive 3 (ajout d'une flèche et une 3ᵉ ligne)
Présentation	**Présentation**	**Présentation**
➡ Genre littéraire très ancien	➡ Genre littéraire très ancien	➡ Genre littéraire très ancien
	➡ Transmission orale de connaissances, styles et croyances	➡ Transmission orale de connaissances, styles et croyances
		➡ Facilite la mémorisation

Il est important d'estimer en secondes la durée de chaque diapositive. Une capsule vidéo comprend entre 8 et 12 diapositives, chacune d'elle ne devrait pas durer plus de 20 secondes.

1. Déterminez ce que l'apprenant doit apprendre grâce à votre capsule. Vous pouvez vous aider, par exemple, de la formule suivante : « *Grâce à cette capsule vous serez capable de...* » Ce premier point est très important car il déterminera le reste de votre travail.

Conseil : prenez une notion que vous allez pouvoir facilement inclure dans une de vos séquences, par exemple la poésie (voir fiche n° 3).

2. Découpez votre projet en plusieurs étapes, ou scènes, qui correspondront à des moments clés pour atteindre votre objectif.

- Si option 1 (facile) avec Google Slides ou PowerPoint, il vous suffit de déterminer le nombre de diapositives (1 étape = 1, 2 ou 3 diapos).

- Si option 2 (difficile), écrivez les étapes (ou scènes) sous la forme d'un tableau, dans un fichier Word, par exemple, si vous avez choisi d'utiliser une application en ligne telle que PowToon.

3. Pour chaque étape, écrivez le texte que vous allez lire. Notez le temps en secondes de chaque lecture. Soulignez les mots importants.

- Si option 1, écrivez le texte audio directement en bas de chaque diapositive dans « notes ».
- Si option 2, soulignez les mots importants dans votre fichier Word.

4. Illustrez les étapes si vous pensez que cela peut faciliter la compréhension.

- Si option 1, importez les ressources dans votre présentation pour chaque écran. Il est possible de faire des « glisser-déposer » ou des « copier-coller » d'images sur chaque diapositive. Depuis Google Slides, l'icône « explorer », en bas à droite, permet de chercher et sélectionner les ressources.
- Si option 2, créez un dossier sur votre disque dur ou sur une plateforme en ligne et ajoutez les ressources.

Dans tous les cas, prenez soin de l'enregistrement audio. Veillez :

- au rythme de la voix en fonction du niveau ;
- au ton : humoristique, léger ou sérieux suivant le thème abordé et l'âge du public ;
- à la prononciation.

Il faut souvent plusieurs essais avant d'obtenir un résultat satisfaisant. Il n'est pas rare de revoir le script audio après ces différents essais ; la lecture et l'écoute permettent de réaliser des mises au point.

- Si option 1 (présentations type Google Slides ou PowerPoint) :
  - ouvrez le programme de capture d'écrans vidéo ;
  - sélectionnez la partie à enregistrer en ajustant le cadre (visible en pointillé en noir sur la capture d'écran) ;
  - démarrez votre enregistrement en lisant vos notes qui sont en bas de chaque diapositive. En général votre visage n'a pas besoin d'apparaître mais cela peut être utile pour les petits niveaux afin d'aider à comprendre au travers de gestuelles et pour des notions liées à la phonétique.
  - appuyez sur la flèche du bas afin de passer d'une diapositive à l'autre.

- Si option 2, pour la réalisation vous utiliserez l'application en ligne afin de regrouper tous les éléments (texte, images, audio) sous la forme d'une vidéo. Une bonne synchronisation entre les images, l'audio, l'apparition des animations ainsi qu'un bon minutage sont la base d'une bonne capsule. C'est une partie à ne pas négliger et qui peut prendre du temps.

4.4. « Utilisation de Google Slides pour le travail collaboratif en ligne »[3]

Visionner la capsule à cette adresse : https://goo.gl/2rhCX

Étapes Scènes de la capsules (en général une scène correspond à une diapositive)	Transcription des commentaires	Durée
Objectif Expliquer pourquoi cette capsule a été réalisée.	*Grâce à cette capsule vous serez capable de comprendre comment utiliser Google Slides pour du travail collaboratif en ligne.*	8 s
Conditions pour accéder à Google Slides pour ensuite créer un document de ce type.	*Afin de créer un document type Google Slides, vous devez disposer d'un compte Gmail. À partir d'un compte Gmail vous pourrez aller dans votre Drive et créer un nouveau document Google Slides.*	8 s
Définition Qu'est-ce que Google Slides ?	*Google Slides permet de réaliser des présentations type PowerPoint. La grande différence c'est qu'il est possible de travailler en ligne à plusieurs sur la même présentation.*	10 s
Choisir l'objectif général de la présentation et la découper en parties. Tout le monde est responsable de la qualité du produit fini. *Exemple : visite touristique*	*Dans un premier temps, décidez du thème de votre présentation en considérant que plusieurs apprenants travailleront sur le même document.* *Nous allons prendre l'exemple de la visite touristique d'une ville. Dans ce cas, si votre groupe comprend 15 apprenants vous pouvez diviser la ville qu'il faut présenter en quartiers ou zones.* *Si vous voulez former des groupes de 3, pensez alors à 5 zones à visiter qui formeront la présentation finale de cette ville.*	10 s
Rendre le travail collaboratif	*Rendez disponible votre document avec les participants à ce projet depuis l'option partage du document. Ajoutez les courriels des collaborateurs. Tous les utilisateurs inscrits pourront ainsi voir en même temps le document et le modifier en direct.*	20 s

---

[3]. Capsule vidéo afin de comprendre comment utiliser « Google Slides » pour mettre en place du travail collaboratif en ligne <https://goo.gl/2rhCXe>.

Constituer des groupes et partager les tâches sous forme d'une ou plusieurs diapositives pour chaque groupe.	*Formez ensuite des groupes afin de distribuer les tâches qui vont constituer votre projet. Dans notre exemple de la visite touristique, nous pouvons imaginer des groupes de 3 qui vont s'occuper chacun d'une zone de la ville.* *Chacun de ces groupes pourra travailler sur une série de diapositives. Ainsi si le projet contient 20 diapos, vous pouvez demander au premier groupe de travailler sur les 4 premières par groupe de 3, au deuxième groupe sur les 4 suivantes et ainsi de suite...*	**15 s**
Restitution Insister sur le thème de travail collectif, pédagogie de projet, travail collaboratif.	*Donnez du sens au travail collaboratif, c'est rappeler que même si les tâches sont divisées par groupe le résultat pour l'ensemble du projet est commun.* *Vous pouvez mettre en œuvre cette idée en demandant à chacun des groupes de présenter sa partie et aux autres de participer à l'amélioration de chacune d'elles.* *Depuis Google Slides tous les participants de chaque groupe peuvent intervenir et collaborer.*	**10 s**

5. LA FEUILLE DE ROUTE DE LA CAPSULE VIDÉO

Une feuille de route (cf. chapitre 6) est un document, de préférence en ligne, destiné à l'apprenant et qui lui permettra de suivre étape par étape la capsule vidéo qu'il doit préparer. L'apprenant doit compléter cette feuille de route et la renvoyer à l'enseignant qui s'appuiera sur ces réponses pour préparer son cours.

Feuille de route **(questions associées à la capsule vidéo)**	
Outil pour réaliser la feuille de route	Avec un compte Google (Gmail), l'application **Google Forms** depuis **Google Drive** permet d'intégrer une vidéo et d'y associer des questions (QCM, questions ouvertes etc.).

Feuille de route simple avec un champ pour le prénom et 2 questions : une question fermée et une question ouverte.

Prénom :
[   ]

Google Slides sert à :
○ faire des présentations en ligne
○ faire des vidéos
○ faire une visite touristique
○ autre : [   ]

Quelles sont les étapes à suivre dans l'ordre afin de rendre un travail collaboratif avec Google Slides ?
[   ]

ENVOYER

Les réponses sont ensuite accessibles directement depuis Google Forms, elles peuvent être exportées sous format Excel et imprimées.

Afin de créer un Google Forms, accéder à votre Drive puis cliquez sur « plus » et sur « Google Forms »

Il est possible d'attribuer des points aux questions types « choix multiples » et « cases à cocher ».

Cliquez sur « Paramètres », choisissez « Questionnaires » puis « Convertir en questionnaires ». Pour finir, cliquez sur « Enregistrer » avant de quitter cet écran.

6. PUBLIER ET PARTAGER SA CAPSULE VIDÉO

Publication et partage	
Publication de la vidéo	Chaîne YouTube directement accessible depuis Google Drive. Il existe d'autres possibilités telles que Vimeo, mais YouTube est le plus courant et le plus rapide à créer et à gérer grâce au compte Google (Gmail).
Pour partager différentes séquences de classe inversée	Mur collaboratif en ligne tel que padlet afin de mutualiser différentes séquences de classe inversée ou sur toute plateforme d'apprentissage.

▸ **Intégrez le lien de votre vidéo dans Google Forms**

1. Depuis les applications Google, cliquez sur l'icône « Drive ».
2. Cliquez sur « nouveau », descendez vers « plus » et cliquez sur « Google Forms » (icône violette).
3. Cliquez sur l'icône « ajouter une vidéo » (symbolisée par une flèche).
4. Cliquez sur l'onglet « URL ».
5. Copier-coller le lien YouTube de votre vidéo et collez-le.

7. MUTUALISER DES CAPSULES VIDÉO ET LES LICENCES « *CREATIVE COMMONS* »

Partager et mutualiser les capsules vidéo permet à d'autres enseignants d'y avoir accès (cf. chapitre 7). Utiliser des capsules vidéo de qualité pour sa classe est bien sûr tout à fait possible et conseillé afin d'éviter de les faire toutes soi-même (sauf si on le désire bien entendu).

Les conditions de partages peuvent être définies grâce aux licences « *Creative Commons* ». Il existe 6 types de licences représentées chacune par un logo particulier qu'il est possible d'ajouter en bas de chaque capsule.[4]

---

[4]. Pour tout savoir à propos des licences : <https://creativecommons.org/licenses/?lang=fr-FR>.

Le schéma ci-dessous récapitule les étapes de la création d'une capsule vidéo.

Schéma de production d'une capsule vidéo pour la classe inversée

CONCEPTION - L'OBJECTIF

01 Je définis le thème, l'objectif de ma capsule vidéo

CONCEPTION - LE SCÉNARIO

02 J'écris le scénario de ma capsule étape par étape

CONCEPTION - LE TEXTE AUDIO

03 Je rédige le texte audio pour chaque étape

CONCEPTION - LES RESSOURCES

04 Je choisis, sélectionne les ressources (images, icônes....)

RÉALISATION - LA VIDÉO

05 Je regroupe, j'organise tous mes éléments dans l'application

© Marc Oddou - www.moddou.com

Matrice didactique pour inverser sa classe : mode d'emploi

L'ouvrage comprend 8 fiches pédagogiques conçues et réalisées par des enseignants qui exercent pour différents publics et niveaux. Elles se présentent, en général, sous forme de courtes séances et elles pourront s'intégrer dans une de vos séquences.

Nous vous conseillons d'en expérimenter une de votre choix et l'adapter, si nécessaire, à votre contexte d'enseignement. Différents thèmes sur plusieurs niveaux sont abordés afin de pratiquer la classe inversée sous des angles variés. Vous pouvez aussi vous appuyer sur le modèle ci-dessous pour concevoir vos propres fiches pédagogiques de classe inversée.

Présentation et explication de la grille des fiches

Fiches n° 1 à 8
Intitulé de la fiche = Titre de la tâche finale

- ✓ **Public visé :** primaire, collège, lycée, université, Alliance, Institut français, etc.
- ✓ **Durée** : indicative et à moduler selon le contexte d'enseignement
- ✓ **Niveau (selon le CECRL)** : A1, A2, B1, B2, C1, C2

Objectifs d'enseignement	Objectifs d'apprentissage
= *objectifs globaux (point de vue de l'enseignant)*	= *objectifs spécifiques (point de vue de l'apprenant)*
- Ils permettent à l'apprenant d'avoir une vue d'ensemble du cours / de la séquence / de la séance / d'une notion /d'un thème.	- Ils permettent à l'apprenant « d'être capable de » + verbes d'actions (cf. taxonomie de Bloom révisée, cf. chapitre 3).
- Ils ne sont ni quantifiables ni mesurables.	- Ils sont quantifiables et mesurables, comportent un critère sur mesure de performance de l'apprenant (comportements observables).
Le cours vise à...	**L'apprenant sera capable de...**

Ressources et outils

- Applications hors ligne / logiciels (traitement audio, présentations, cartes mentales, tableaux de comparaison, etc.)
- Applications en ligne (mur virtuel, quiz en ligne, plateformes pédagogiques, etc.)*.
- Documents complémentaires (textes, dessins, vidéos, etc.)

*Les liens ont été raccourcis depuis un réducteur de liens en ligne (en savoir plus : https://lc.cx/ ou https://goo.gl/ par exemple).

Matrice didactique pour inverser sa classe : mode d'emploi

AVANT (hors classe)

CONCEPTION DE LA TÂCHE / PROJET (ENSEIGNANT)

Enseignant

Par exemple

- Concevoir/réaliser des capsules vidéos.
- Proposer des documents à lire, à commenter...
- Réaliser la feuille de route pour la capsule vidéo.
- Créer des questionnaires.
- Publier le matériel (plateforme).
- Consulter les réponses des apprenants.
- Etc.

Apprenant

Par exemple

- Visionner une capsule vidéo.
- Lire des documents.
- Faire des recherches sur Internet.
- Répondre à des questions/quiz de la feuille de route (avec ou sans utilisation de l'outil informatique / avec ou sans connexion Internet).
- Etc.

PENDANT (déroulement de la classe)

CONCEPTION DE LA TÂCHE / PROJET (ENSEIGNANT)

Enseignant

- Faire le point sur les activités préparées en amont / éclaircissement.
- Vérification individuelle ou collective de l'information.
- Former ou aider à former les groupes.
- Gérer le groupe.
- Définir les objectifs de chaque groupe.
- Circuler entre les îlots.
- Remédier.
- Etc.

Apprenant

- Échanger sur la tâche préparée en dehors de la classe (débat, sondage, quiz, vote, etc.)
- Travailler des mises en situation / appliquer des règles de connaissance de la langue ou des concepts.
- Récapituler et créer.
- Présenter oralement.
- Etc.
  Les activités réalisées en classe se feront individuellement, par groupes, en « îlots ».

ÉVALUATION (cf. chapitre 8)

- **Évaluation diagnostique (remédiation)** : évaluer les acquis préalables des étudiants, ce qu'ils savent déjà, leurs compétences, etc.
- **Évaluation immédiate (remédiation)** : échanger constamment de façon structurée ou non avec les apprenants.
- **Évaluation formative (remédiation)** : apporter de l'information sur les acquis en construction. Elle permet de situer la progression de l'apprenant par rapport à un objectif donné.
- **Évaluation formatrice (évaluation certificative)** : permet d'améliorer l'apprentissage en cours en détectant les difficultés de l'apprenant (diagnostic) afin de lui venir en aide (remédiation), en modifiant la situation d'apprentissage ou le rythme de cette progression, pour apporter (s'il y a lieu) des améliorations ou les correctifs appropriés).
- **Évaluation sommative « certificative »** : dresser un bilan des connaissances et des compétences d'un apprenant (elle est associée à une note en chiffres ou en lettres).

ANNEXES

Des exercices corrigés, des transcriptions, des dessins...

Fiche n° 1
JOUER AVEC LES CHIFFRES ET LES COULEURS

Conceptrices
- Wonhee LEE, Corée du Sud
- Tamouna MGALOBLISHVILI, Géorgie
- Adina-Maria POPA, Roumanie

✓ **Public visé** : maternelle, primaire

✓ **Durée** : environ 20 minutes à la maison (jour 1), puis un cours de 30-50 minutes en classe (jour 1), puis 30 minutes à la maison (jour 2), puis un 2e cours de 30-50 minutes en classe (jour 2).

✓ **Niveau (selon le CECRL)** : A1

Objectifs d'enseignement

Le cours vise à...

- rendre l'apprenant apte à utiliser des contenus déjà acquis dans de nouveaux contextes.

Objectifs d'apprentissage

L'apprenant sera capable de...

- nommer les chiffres, les couleurs, les parties du visage ;
- associer les chiffres aux couleurs et aux parties du visage ;
- s'exprimer en français en jouant ;
- formuler des mini-phrases en utilisant les points étudiés.

Ressources et outils

- Capsule vidéo 1 (Chanson de Alain Le Lait « Les chiffres et les nombres ») : https://goo.gl/JiLh7P
- Capsule vidéo 2 (Chanson de Alain Le Lait « Couleurs Arc-en-ciel ») : https://goo.gl/Co5zLS
- Capsule vidéo 3 (Apprendre « Les parties du visage » avec Victor - Apprendre le français) : https://goo.gl/sv2zW5 Objets que l'on peut trouver dans la nature (cailloux, feuilles, etc.) et dans l'environnement de l'apprenant (jouets préférés), à apporter en classe
- Images créées par l'enseignant-facilitateur
- Blog cestsuperenpremiere.blogspot.com : https://goo.gl/FrKy5n (La séquence se trouve sur l'URL du blog « Projets français précoce »)
- Grille d'autoévaluation

Fiche n° 1 : Jouer avec les chiffres et les couleurs

AVANT (hors classe)

CONCEPTION DE LA TÂCHE / PROJET

Enseignant

- Demander aux apprenants d'apporter au cours suivant leur objet préféré.

- Mettre sur la plateforme les 3 capsules vidéo qui seront à visionner à domicile (la 1re capsule, le jour 1, les 2e et 3e capsules le jour 2).

- Préparer un poème qui sera distribué aux parents (voir Annexes).

- Préparer la feuille de route de la capsule vidéo 3 (Fiche n° 1) qui sera à compléter – à domicile – par les enfants avec l'aide de leurs parents.

- Demander aux apprenants de dessiner un petit bonhomme de la marelle (voir exemple en Annexes).

- Préparer des cartes images avec des chiffres animés et des parties du visage (voir exemples en Annexes).

Apprenant

- Choisir l'objet à apporter en classe (lire avec les parents le message posté sur le blog : cestsuperenpremiere.blogspot.com)

- Écouter et regarder les documents fournis par l'enseignant : la capsule vidéo 1 (le premier jour) et les capsule 2 et 3 (le 2e jour).

- Lire (avec les parents) le poème (voir Annexes).

- Faire l'exercice de la fiche n° 1.

- Réaliser un dessin : une version personnelle de la marelle.

PENDANT (déroulement de la classe)

CONCEPTION DE LA TÂCHE / PROJET (ENSEIGNANT)

Enseignant

- Discussion en groupe-classe sur la capsule vidéo 1 (1er jour), capsules 2 et 3 (2e jour) : *C'était clair ? Ça vous a plu ? combien de fois l'avez-vous regardée ?*)

- Demander aux apprenants de présenter leurs objets.
  Discussion : *Qu'est-ce que c'est ? Quel est sa couleur ? Pourquoi l'as-tu apporté aujourd'hui ?*

- Compter tous les objets des apprenants et réaliser une exposition. Donner un drôle de nom comme « ExpoBjet-préféré ». En maternelle et en primaire, faire ramasser des cailloux et les peindre. Ils serviront pour jouer à la marelle.

Apprenant

- Répondre aux questions, exprimer ses sentiments, ses opinions.

- Présenter les objets apportés en classe. Réponses attendues : *Voici mon ours. Il est marron. Je l'ai apporté pour jouer avec mes amis. / Voici mon jeu de société préféré. Sa boîte est rouge et bleue. Chaque joueur a 10 cartes...*

- Peindre des cailloux, puis les décrire en précisant leur(s) couleur(s) et les compter.

- 2e jour : après avoir visionné la capsule 2, répondre aux exercices de la fiche 2.

Mise en œuvre de la classe inversée

- Distribuer les cartes images (en annexes) aux apprenants.

Prérequis : les chiffres et les couleurs auront été abordés lors des cours précédents ; les apprenants auront acquis les connaissances culturelles et lexicales liées aux chiffres et aux couleurs.

- Poser des questions aux apprenants pour saisir les éléments communs et les différences – évaluation formative par des encouragements, des corrigés, l'évaluation réciproque.

Activité : Laisser les enfants mémoriser les chiffres, les couleurs et les parties du visage puis demander :
De quelle couleur sont les yeux ?
Les yeux correspondent à quel numéro ?
Combien d'œil avons-nous ?

- Jouer à la marelle. Veiller à ce que tous les apprenants connaissent les règles.

  Choisir la marelle avant la récréation / créer différentes marelles (par groupes). Chacun va jouer à la marelle d'autrui et cela peut continuer après les cours, pendant la récréation ou bien à la maison.
  Démarche personnalisée :

  - Maternelle : s'arrêter au niveau de la confection des marelles et l'utiliser comme une base pour d'autres thèmes d'apprentissage.

  - Primaire : créer la routine pour la récréation et actualiser en permanence les contenus, préparer le terrain pour le nouveau contenu.

- Identifier les images et puis les décrire.
  Activités d'approfondissement proposées au fur et à mesure de la correction par l'enseignant.

- Saisir les nouveaux éléments : les parties du visage.

Réponse attendue :

Les yeux sont verts.
Les yeux correspondent au numéro 3.
Nous avons deux yeux.

- Dessiner différentes marelles (au tableau, dans la cour de récréation) de différentes couleurs, formes...
  Suggestions ci-dessous (de gauche à droite : Géorgie, Corée, Roumanie)

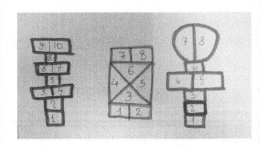

Fiche n° 1 : Jouer avec les chiffres et les couleurs

ÉVALUATION

- Formative (voir au-dessus : appréciations, corrigés, évaluation réciproque, exposition).
- Auto-évaluation.

Grille d'auto-évaluation (maternelle et primaire)

Coloriez la case qui vous ressemble le plus.

Ce que je peux faire	
Je sais compter.	😃 🙂 😐 🙁 😠
Je peux nommer les couleurs.	😃 🙂 😐 🙁 😠
Je peux construire des phrases simples et correctes.	😃 🙂 😐 🙁 😠
Je connais les parties du visage.	😃 🙂 😐 🙁 😠

ANNEXES

- **Poème**

Bonjour !
Les chiffres sont de retour,
les couleurs viennent elles aussi,
voyons maintenant, ça te dit ?
Tu auras besoin de ta tête, mais voyons,
tu sais en fait
quelles sont les parties de la tête ?

- **Fiche n° 1**

  « Ma tête – Combien j'ai de… ? »

  Les réponses sont en italique.

J'ai …	Combien ?
tête	1 *(une)*
yeux	2 *(deux)*
nez	1 *(un)*
bouche	1 *(une)*
oreilles	2 *(deux)*

- **Fiche n° 2**

  Mettre les lettres dans le bon ordre.

  AJUNE – LBEU – ORNAGE – GRUOE – ORSE

  Solutions :
  JAUNE – BLEU – ORANGE – ROUGE – ROSE

- **Exemples de cartes images**

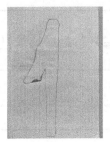   

- **Exemple de marelle : petit bonhomme**

Fiche n° 2
CRÉATION D'UNE AFFICHE DE RECOMMANDATIONS POUR UNE CAMPAGNE DE SENSIBILISATION

Concepteur
- Jordi PORTES, Toulouse (France)

✓ **Public visé :** collège (12-14 ans)

✓ **Durée :** environ 2 h

✓ **Niveau (selon le CECRL) :** A2.1

Objectifs d'enseignement

Le cours vise à...

- découvrir des actions d'institutions publiques et d'agences d'État au travers de leur campagne de sensibilisation.

Objectifs d'apprentissage

L'apprenant sera capable de...

- d'écrire des recommandations pour une campagne de sensibilisation à l'aide de l'impératif ;
- savoir faire une série de mises en garde.

Ressources et outils

- Capsule vidéo sur l'impératif en français : https://goo.gl/MwA4Lj
- Présentation Prezi sur l'impératif : https://goo.gl/w8doxE
- Feuille de route sur Google forms ou Quizzyourself.com
- Exemples d'infographies de campagnes de sensibilisation :
  - Doc. 1 – Hygiène dans la cuisine, 10 recommandations pour éviter les intoxications alimentaires (ANSES) : https://goo.gl/egkECW
  - Doc. 2 – Soleil, chaleur et déshydratation chez l'enfant : soyez vigilant ! (Ministère des Solidarités et de la Santé) : https://goo.gl/QtVYe2
  - Doc. 3 – Réagir en cas d'attaque terroriste (gouvernement.fr)* : https://goo.gl/jNqF5s

* NB : Le DOC 3, très riche en formes linguistiques étudiées est à utiliser avec précaution avec un jeune public ; il peut cependant être une excellente occasion de mettre des mots et d'ouvrir une discussion avec les apprenants sur des événements qui ont récemment touché la France.

AVANT (hors classe)

CONCEPTION DE LA TÂCHE / PROJET (ENSEIGNANT)

Enseignant

- Lors de la séance précédente : l'enseignant laisse sur **le plan de travail** via des liens ou des QR codes **une capsule** sur l'utilisation de l'impératif ainsi qu'**une feuille de route** avec des questions auxquelles devront répondre les apprenants.
- Une heure avant le début du cours : l'enseignant doit se connecter sur la plateforme quizzyourself.com pour consulter et analyser quantitativement et qualitativement les réponses de chacun de ses apprenants.
- Géographie de la classe : l'enseignant doit, si possible, aménager la classe en îlots.

Apprenant

- Les apprenants ont pour devoir de regarder une capsule laissée par leur professeur sur l'utilisation et la formation de l'impératif.
- Ils doivent répondre également à une série de questions sur une feuille de route créée sur Google forms ou quizzyourself.com.
- Ils sont invités à préparer des questions qu'ils pourront poser au professeur ou aux autres apprenants sur les notions du cours qui restent incomprises.

PENDANT (déroulement de la classe)

CONCEPTION DE LA TÂCHE / PROJET (ENSEIGNANT)

Enseignant

En fonction des réponses données par chaque apprenant, deux grands groupes de travail sont créés.

- **Groupe 1** : groupe constitué d'apprenants ayant des difficultés à construire des impératifs notamment à cause d'un manque de maîtrise des formes du présent de l'indicatif (par exemple qui écrivent « prendez » à la place de « prenez ») ou d'apprenants qui n'ont pas visionné la capsule. Pour ce groupe-ci, l'enseignant proposera des exercices basiques de révision des formes de l'indicatif (à la première personne du pluriel et aux deuxièmes personnes du singulier et du pluriel) et de systématisation, de transformation à l'impératif.

Apprenant

- Les apprenants sont invités à mettre les phrases proposées au présent de l'indicatif d'abord puis à l'impératif ensuite (voir Annexes, tâche donnée pour le G1).

Fiche n° 2 : Création d'une affiche de recommandations pour une campagne de sensibilisation

- **Groupe 2** : groupe composé d'apprenants qui ont correctement répondu à la quasi-totalité des questions de la feuille de route, qui maîtrisent bien les formes de l'indicatif et qui ont bien assimilé la leçon sur l'impératif.

- **Tâche** : l'enseignant veillera à la bonne compréhension des trois documents. Il pourra insister avec le groupe 2 sur les formes des verbes pronominaux à l'impératif (Doc. 3 : *Enfermez-vous, éloignez-vous*) ou celles suivies d'un pronom COD ou COI (Doc. 2 : *Protégez-le, appliquez-lui de la crème*).

- Le G2 est divisé en binômes. Chaque binôme reçoit l'un des trois documents (Doc. 1, 2, et 3). Les documents peuvent être distribués sur un format papier A4 ou via des QR Codes si les apprenants disposent d'ordinateurs, de tablettes ou de portables. Il s'agit de trois affiches de campagnes de sensibilisation issues d'autorités publiques ou d'agences d'État.
  Dans un premier temps, les apprenants du G2 doivent répondre à une série de questions de compréhension globale du document.

- **Tâche** : par groupe de deux ou trois, vous allez créer une affiche pour la campagne de votre choix. Votre affiche devra comporter nécessairement des recommandations (impératif) et des mises en garde (impératif à la forme négative).

  Exemples de campagnes : campagne pour inciter la population à faire du sport, campagne pour la protection de son identité sur les réseaux sociaux, campagne contre le harcèlement en milieu scolaire, etc.

  Les apprenants peuvent créer leurs affiches sur un format papier ou à l'aide de sites Internet tels que canva.com ou genial.ly.

  Visionner les exemples d'infographies et de campagne de sensibilisation.

ÉVALUATION

- **Évaluation diagnostique** : Ici, les questions de la feuille de route font office d'évaluation sommative. Pour que l'impératif soit assimilé, il est d'abord nécessaire de maîtriser les formes du présent de l'indicatif ce qui est rarement le cas pour des apprenants d'un niveau A2. La tâche attribuée au G1 permet d'introduire l'impératif tout en revoyant les formes de certains verbes au présent de l'indicatif.

- **Évaluation formative** : Pour le G1, les questions de la feuille de route peuvent être posées une deuxième fois en fin de séance. Cela permettra d'évaluer la progression de chaque apprenants au cours de la séance et de répondre à la question suivante : La séance de cours a-t-elle permis de remédier aux lacunes de l'apprenant ?

- Pour le G2 : L'enseignant évaluera la bonne réalisation ou non des formes impératives dans les affiches créées par les apprenants. Il portera une attention particulière sur les formes pronominales et les formes suivies d'un pronom COD ou COI qui sont nouvelles pour l'apprenant.

- Pas d'**évaluation sommative** pour cette séquence.

ANNEXES

• Les questions de la feuille de route

Les réponses attendues apparaissent en italique.

1. À quoi sert l'impératif ? *(Plusieurs réponses possibles.)*

a. *À donner des ordres.*
b. À exprimer des sentiments.
c. *À donner des interdictions.*
d. À faire des hypothèses.
e. *À donner des conseils.*
f. À exprimer des souhaits.

2. Quelles sont les trois personnes avec lesquelles on conjugue à l'impératif ? *(3 réponses)*

a. Première personne du singulier (je).
b. *Deuxième personne du singulier (tu).*
c. Troisièmes personnes du singulier (il / elle).
d. *Première personne du pluriel (nous).*
e. *Deuxième personne du pluriel (vous).*
f. Troisièmes personnes du pluriel (ils / elles).

3. Dites si l'information est vraie ou fausse.

Lorsqu'on conjugue à l'impératif, il faut toujours supprimer le pronom sujet *(je, tu, il, etc.)*.

→ *Vrai*

4. Transformez en utilisant l'impératif : « Il faut venir avec un cahier ! »

a. Viend avec ton cahier !
b. Vient avec ton cahier !
c. *Viens avec ton cahier !*
d. Venez avec ton cahier !

5. Même exercice. « Il faut acheter du lait pour ton petit-déjeuner. »

a. *Achète du lait pour ton petit-déjeuner !*
b. Achètes du lait pour ton petit-déjeuner !
c. Acheté du lait pour ton petit-déjeuner !

6. Même exercice. « Il faut prendre notre goûter maintenant. »
a. Prendons notre goûter maintenant !
b. Prennons notre goûter maintenant !
c. *Prenons notre goûter maintenant !*

7. Même exercice. « Il faut venir demain avec votre tablette. »
a. Demain, vendez avec votre tablette !
b. *Demain, venez avec votre tablette !*
c. Demain, vennez avec votre tablette !
d. Demain, viendez avec votre tablette !

8. Même exercice. « Il faut finir notre repas. »
a. *Finissons notre repas !*
b. Finissions notre repas !
c. Finirons notre repas !
d. Finirions notre repas !

9. Même exercice. « Il faut avoir de la volonté pour réussir ! »
a. As de la volonté pour réussir.
b. *Aie de la volonté pour réussir.*
c. Aies de la volonté pour réussir.
d. A de la volonté pour réussir.

10. Même exercice. « Il faut savoir sa leçon sur l'impératif ! »
a. Sache votre leçon !
b. Savez votre leçon !
c. *Sachez votre leçon !*
d. Soyez votre leçon !

• Activités du groupe 1
Les devoirs du parfait écolier

Exemple : *Il faut écouter le professeur.*

- → Tu écoutes le professeur.
- → Nous écoutons le professeur.
- → Vous écoutez le professeur.

- → Écoute le professeur !
- → Écoutons le professeur !
- → Écoutez le professeur !

a. Il faut parler en français.
b. Il faut apprendre ses leçons.
c. Il faut regarder des films francophones.
d. Il faut faire des exercices.
e. Il faut venir à l'école tous les jours.
f. Il faut être constant.
g. Il faut avoir du courage.
h. Il faut savoir se reposer de temps en temps.
i. Enfin, Il faut prendre du temps pour s'amuser.

Rôle de l'enseignant : L'enseignant veillera, d'une part, à ce que les apprenants retrouvent les formes indicatives et impératives des verbes et, d'autre part, à ce que cette tâche soit réalisée de façon collective.

- **Activités du groupe 2**

1. De quel type de document s'agit-il ?
2. Retrouvez qui s'adresse à qui ?
3. Relevez les formes avec lesquelles on donne des conseils ou des recommandations, quel mode est utilisé ?

Réponses attendues (questions 1 et 2) :

Il s'agit dans les trois cas d'affiches de campagnes de sensibilisation avec une série de recommandations. La première (Doc. 1) est émise par l'Agence nationale de sécurité sanitaire alimentation, environnement, travail (ANSES) et donne des conseils pour éviter les intoxications alimentaires. La deuxième (Doc. 2) est émise par le ministère des Solidarités et de la Santé et propose des recommandations pour protéger les enfants des insolations. Enfin la troisième (Doc. 3) est issue du site Internet officiel du gouvernement français et donne les conseils à suivre en cas d'attaque terroriste. Cette campagne fait suite aux attentats qu'a subis la France ces dernières années. Les Doc. 1 et 3 s'adressent à la population d'une façon générale, le Doc. 2 s'adresse peut-être davantage aux parents.

NB : *Les émetteurs sont faciles à identifier et reconnaissables grâce à des logos. Les images et pictogrammes devraient faciliter la compréhension pour de jeunes apprenants d'un niveau A2.*

Après avoir répondu à ces deux premières questions, chaque binôme présente au reste du groupe son document.

Réponse attendue (question 3) : le mode impératif.

Fiche n° 3
INTRODUCTION À LA POÉSIE, SAVOIR COMPOSER QUELQUES VERS SIMPLES

Concepteur
- Loïc PINTO, Équateur

✓ **Public visé** : Tout public

✓ **Durée** : 1 h 30

✓ **Niveau (selon le CECRL)** : B1-B2

Objectifs d'enseignement

Le cours vise à...

- découvrir la poésie de façon générale : versification, rime, cadence ;
- introduire les notions de fond et de forme, notamment en termes de rimes.

Objectifs d'apprentissage

L'apprenant sera capable de...

- distinguer une poésie en prose d'une autre en vers ;
- reconnaître et nommer les différentes rimes ;
- composer un petit poème avec des critères précis.

Ressources et outils

- Capsule vidéo : https://goo.gl/crNryg

AVANT (hors classe)

CONCEPTION DE LA TÂCHE / PROJET (ENSEIGNANT)

Enseignant

- Préparation de supports en lien avec la théorie poétique (versification, rythme, rimes, etc.), lectures conseillées :
  - Michèle Aquien, La Versification, Paris, PUF, 2011.
  - Jean Mazaleyrat, Éléments de métrique *française*, Paris, Armand Colin, 1974.
- Réalisation d'exercices éventuels pour assimilation de ces notions.
- Sélection de poème(s) simples balayant plusieurs styles. (On pensera à Prévert notamment ou encore Queneau.)
- Partager le lien de la capsule vidéo et des questions de la feuille de route.

Apprenant

- Visionnage de la capsule vidéo.
- Réponse aux questions de la feuille de route (voir Annexes).

Éventuellement recherche personnelle sur un poète ou un style en particulier : pour les niveaux A on pourra conseiller des recherches sur les poésies de Prévert ou de Queneau.

Pour les niveaux avancés, des lectures plus variées peuvent être conseillées : Tzara, Verlaine, Baudelaire, Bachelard, Michaux, Apollinaire, La Fontaine, Eluard. Dans cette liste non exhaustive cohabitent des styles et des thèmes différents à articuler selon les besoins.

PENDANT (déroulement de la classe)

Enseignant

- Introduction du thème par la lecture d'un poème sélectionné.
- Déchiffrage de la forme puis du fond.
- Correction de la feuille de route et visionnage éventuel de la capsule en commun.
- S'assurer de la compréhension des notions en proposant un exercice de versification simple.
- **Production écrite** : réaliser un poème selon des contraintes à définir en fonction du niveau de la classe.
  Ouverture : phonétique et rythme à travailler afin d'obtenir une certaine fluidité.

Apprenant

- Reprise des notes réalisées à la maison et ajout de nouveaux éléments éventuels.
- Lecture d'un poème sélectionné préalablement.
- Mise en commun des travaux faits à la maison.
- Réalisation d'un poème personnel selon les critères énoncés par l'enseignant.
- Passage à l'oral pour une présentation du poème.

ÉVALUATION

L'enseignant se concentrera surtout sur l'assimilation par les apprenants des notions théoriques, rythmiques et de rime. Pour cela, une évaluation pourra être réalisée mettant en place une série de vers à déchiffrer (voir plus bas), leur attribuant les éléments vus en classe (type de rime, style poétique, etc.). Une partie sur le sens du poème (le fond) pourra être envisagée selon les exigences du niveau.

On demandera aux apprenants de produire un poème en respectant les consignes de méthode. À l'image de l'exercice en classe, l'apprenant devra réaliser une production en respectant des contraintes métriques imposées par l'enseignant.

ANNEXES

- **Questionnaire pour l'apprenant, à réaliser avant la classe à l'aide de la capsule vidéo**
  Les réponses attendues apparaissent en italique.

1. La poésie est apparue :

a. récemment.

b. *il y a longtemps.*

Fiche n° 3 : Introduction à la poésie, savoir composer quelques vers simples

2. Le poème, par sa forme, facilite : *(2 bonnes réponses)*

a. les croyances.
b. *la mémorisation.*
c. les superstitions.
d. *la transmission des connaissances.*

3. La poésie n'a jamais comme thème la vie quotidienne.

a. Vrai   b. *Faux*

4. On peut écrire un poème :

a. en rime.
b. *en prose.*
c. *en vers.*
d. en strophe.

5. Quel est le schéma de la rime embrassée ?

a. AABB
b. *ABBA*
c. ABAB

Observez.

> Dans ma maison vous viendrez
> D'ailleurs ce n'est pas ma maison
> Je ne sais pas à qui elle est
> Je suis entré comme ça un jour
> Il n'y avait personne
> Seulement des piments rouges accrochés au mur blanc
> Je suis resté longtemps dans cette maison
> Personne n'est venu
> Mais tous les jours et tous les jours
> Je vous ai attendue
>
> Jacques Prévert, « Dans ma maison » in *Paroles*, Gallimard, 1946.

6. Ce poème est écrit :

a. *en vers.*
b. en prose.

Observez.

> Voici donc les longs jours, lumière, amour, délire !
> Voici le printemps ! mars, avril au doux sourire,
> Mai fleuri, juin brûlant, tous les beaux mois amis !
> Les peupliers, au bord des fleuves endormis,
> Se courbent mollement comme de grandes palmes ;
> L'oiseau palpite au fond des bois tièdes et calmes ;

> Il semble que tout rit, et que les arbres verts
> Sont joyeux d'être ensemble et se disent des ....
> Le jour naît couronné d'une aube fraîche et tendre ;
> Le soir est plein d'amour ; la nuit, on croit entendre,
> À travers l'ombre immense et sous le ciel béni,
> Quelque chose d'heureux chanter dans l'infini.
>
> Victor Hugo, « Printemps » in *Toute la lyre*, 1888-1893.

7. Ce poème est écrit :

a. *en vers*.

b. en prose.

8. Dans ce poème, les rimes sont :

c. *suivies*.

d. croisées.

e. embrassées.

9. Complétez le 8ᵉ vers.

a. mots

b. méchancetés

c. *vers*

d. bonjour

- **Proposition de sélection d'extraits de poèmes afin d'illustrer les différentes rimes**

De quel type de rime il s'agit ?

▸ **Exemple de rimes suivies (AABB)**

Que savons-nous de plus ? ... et la sagesse humaine,
Qu'a-t-elle découvert de plus en son domaine ?
Sur ce large univers elle a, dit-on, marché ;
Et voilà cinq mille ans qu'elle a toujours cherché !

Alfred de Musset, « Rêverie » in Poésies posthumes, 1888.

▸ **Exemple de rimes croisées (ABAB)**

Aimons toujours ! Aimons encore !
Quand l'amour s'en va, l'espoir fuit.
L'amour c'est le cri de l'aurore,
L'amour c'est l'hymne de la nuit.

Victor Hugo « Aimons toujours ! Aimons encore » in *Les Contemplations*, 1856.

▸ **Exemple de rimes embrassées (ABBA)**

C'est le règne du rire amer et de la rage
De se savoir poète et objet du mépris,
De se savoir un cœur et de n'être compris
Que par le clair de lune et les grands soirs d'orage !

Émile Nelligan, « La Romance du vin » in *Poésies complètes*, 1952.

Fiche n° 4
COMPLÉTER UNE PLANCHE DE BANDE DESSINÉE

Concepteurs
- Babette ARGIRAKIS, Paea, Tahiti, Polynésie Française

✓ **Public visé :** Fin de primaire- Collège (10-12 ans)

✓ **Durée :** 10 à 15 minutes à la maison, 1 h à 1 h 30 en classe

✓ **Niveau (selon le CECRL) :** A2-B1

Objectifs d'enseignement

Le cours vise à...

- enrichir sa connaissance de la langue dans sa dimension idiomatique ;
- découvrir la richesse des onomatopées et leur dimension expressive dans la bande dessinée.

Objectifs d'apprentissage

L'apprenant sera capable de...

- comprendre et utiliser une onomatopée dans son contexte ;
- rédiger un texte court incluant des onomatopées.

Ressources et outils

- Capsule sur les onomatopées : https://urlz.fr/9V8J
- Exercices sur Learning.Apps : https://goo.gl/rcJKYM et https://goo.gl/K2bgPf
- Planche extraite de *Le Cas Lagaffe* de Franquin, 1971, Paris, Dupuis, p. 46.
- Planche extraite de Gai Luron ou la joie de vivre de Gotlib, 1975, Paris, Fluide Glacial, p. 36-37

AVANT (hors classe)

CONCEPTION DE LA TÂCHE / PROJET (ENSEIGNANT)

Enseignant

- Utiliser la capsule sur les onomatopées ou en concevoir une suivant le même modèle.
- Partager la capsule avec les apprenants ainsi que les liens des deux exercices de Learning.Apps : https://goo.gl/rcJKYM et https://goo.gl/K2bgPf

Apprenant

- Visionner la capsule sur les onomatopées.
- Faire dans l'ordre les tests suivants sur Learning.Apps : https://goo.gl/rcJKYM et https://goo.gl/K2bgPf
- Faire les exercices en Annexes.

PENDANT (déroulement de la classe)

Enseignant

En fonction des réponses faites lors de l'évaluation diagnostique, **deux groupes sont définis.**

- **Groupe 1** : L'enseignant propose une remédiation avec des supports visuels de bandes dessinées soulignant la diversité des onomatopées et leur intérêt graphique et sonore. Le professeur s'assure que tous les apprenants participent à la tâche et il revient sur la notion d'onomatopée en cas de besoin.

- **Groupe 2** : ce groupe est constitué d'apprenants ayant réussi sans difficulté l'évaluation diagnostique. Le professeur veille à ce que tous les apprenants échangent sur la planche qu'il aura distribuée et s'assure de la bonne compréhension du document.

NB : il est nécessaire, avant de débuter l'activité, de faire un point sur le vocabulaire de la bande dessinée :
- une « planche » désigne une page entière ;
- une « vignette » une case qui compose la planche.

Apprenant

- **Groupe 1** : Les apprenants doivent observer les vignettes, repérer les différentes onomatopées et comprendre leur sens en s'aidant du contexte visuel (Voir Annexes).

- **Groupe 2** : Travail sur la planche de Franquin extraite du *Cas Lagaffe* (Dupuis, p. 46). Les apprenants répartis en groupes de 3 répondent aux questions (voir Annexes).

Une fois ces exercices terminés, tous les apprenants se lancent dans la tâche finale

- **Tâche finale** : Compléter la planche de Gotlib extraite de *Gai Luron ou La Joie de vivre* (Fluide Glacial, p. 36-37).

En binôme, les apprenants ont à imaginer les textes et à ajouter des onomatopées à la planche de Gotlib en conservant une cohérence par rapport au dessin. Chaque binôme présente ensuite oralement sa proposition à l'ensemble de la classe en justifiant ses choix.

ÉVALUATION

- **Évaluation diagnostique** : la feuille de route fait office d'évaluation diagnostique. Pour que la notion d'onomatopée soit acquise, l'apprenant doit avoir compris l'association entre la langue et le bruit imité.

- **Évaluation formative** : la tâche finale permet de s'assurer que les apprenants savent utiliser les onomatopées en contexte et qu'ils en ont compris le fonctionnement.

- Pas d'évaluation sommative pour cette séquence

Fiche n° 4 : Compléter une planche de bande dessinée

ANNEXES

Corpus

Uderzo et Goscinny, *Le Combat des Chefs,* Paris, Hachette, p. 25, 32 et 33.

Morris, Léturgie et Fauche, *Sarah Bernhardt*, Paris, Dargaud, p. 5, 24 et 38.

Tardi, *Les Aventures d'Adèle Blanc Sec* « Momies en folie », Paris, Casterman, p. 31.

Franquin, *Le Cas Lagaffe*, Paris, Dupuis p. 27.

M. Abouet et C. Oubrerie, *Aya de Yopougon*, tome 2, Paris, Gallimard Jeunesse, p. 35.

- **Pour le groupe 1**

1. **Observez les vignettes du corpus et repérez les onomatopées.**

2. **Associez chaque onomatopée à une des propositions suivantes.**

Propositions	Réponses attendues pour le groupe 1
1. Des pleurs	1. Des pleurs : BOUHOUHOUHOU et OUIN (Préciser que cette onomatopée est spécifique aux enfants et aux bébés.)
2. De la musique forte	2. ZIM POM POM ZIM
3. Des cris d'oiseau	3. HOU HOU
4. Quelqu'un qui dort	4. ZZZZZ
5. Le bruit de griffes sur un fauteuil	5. SCRITCH CRATCH
6. Un reniflement	6. SNIF
7. Des personnes mécontentes qui crient	7. BOUUUUH
8. Quelqu'un qui frappe à la porte	8. TOC TOC
9. Un bruit de bulles, un liquide qui chauffe	9. BLOP BLOP BLOP
10. Des rires	10. WOUHAHAHAHIHIHOHO – HOHO ! HIHI !
11. Un coup de feu	11. PANG
12. Une sirène de bateau	12. TOOOT TOOOT TOOOT

- **Pour le groupe 2**

3. Répondez aux questions suivantes sur la planche de Franquin extraite du *Cas Lagaffe*, p. 46.

1. Décrivez la première vignette.
2. Que suggèrent les onomatopées dans la première vignette ?
3. Pourquoi les onomatopées remplissent-elles l'espace de la deuxième et la troisième vignette ?
4. Quel décalage remarquez-vous entre la pensée du personnage dans la vignette 5 et les onomatopées des vignettes précédentes
5. Qu'est-il arrivé au moteur de la voiture ?
6. Comment le gendarme réagit-il à l'événement ?

Réponses attendues

1. La vignette représente le personnage en train de conduire sa voiture. Il y a beaucoup de circulation. Sa voiture pollue beaucoup.
2. Les onomatopées suggèrent la vitesse de certaines voitures comme « zouf ». Elles évoquent aussi les bruits de moteur « Rrâââhrâârâh » et d'échappement « Poutt », « Pètt », « Paf ».
3. Les onomatopées prennent plus de place et Franquin utilise du noir, du rouge et du blanc pour les mettre en valeur. Le moteur a un problème car il ne fait plus un bruit normal. « râhtak, râhtaktaktak ». « CLANG », « SCHTOK » et « CROÏNC » suggèrent que quelque chose vient de se casser. La multiplication des onomatopées indique que le problème est plutôt grave et la variété des sons utilisés crée un effet amusant.
4. Gaston Lagaffe n'a pas l'air de trouver la situation inquiétante et il minimise le problème : « J'ai eu comme un bruit dans le moteur... », Son calme s'oppose aux nombreuses onomatopées.
5. Le moteur est tombé sur la route, il n'est plus sous le capot de la voiture. On le voit dans la dernière vignette. À partir de la quatrième vignette, les onomatopées sont placées à l'arrière du véhicule, préparant ainsi le dénouement.
6. Le gendarme est sur le point de tirer sur le moteur pour l'achever car il fonctionne encore mais on ne peut plus le réparer. Le moteur est traité comme un être vivant inspirant de la pitié ce qui crée un effet comique. Les onomatopées deviennent plus petites « Pataflop », « Pataflop », « Pout », « pètt » pour indiquer que le bruit diminue et que la fin du moteur est proche. Quant à Gaston Lagaffe il est surpris mais il ne comprend pas ce qui a pu se passer.

Fiche n° 5
PARLER AVEC DES EXPRESSIONS IDIOMATIQUES

(VARIÉTÉS LINGUISTIQUES DANS DES PAYS FRANCOPHONES)

Conceptrices
- Marina CHERNYSHEVA, Russie
- Irina SHLEPOVA, Russie
- Anita PERÉDY, Hongrie
- Ekaterina TYUVAEVA, Russie

✓ **Public visé :** lycée, université, Alliance, Institut français, école de langue selon les objectifs des cours, etc.

✓ **Durée :** environ 30 minutes à la maison, puis un cours de 55 minutes en classe, puis 40 minutes à la maison, puis un 2ᵉ cours de 55 minutes en classe

✓ **Niveau (selon le CECRL) :** B1-B1+

Objectifs d'enseignement

Le cours vise à...

- développer chez les apprenants une conscience interculturelle ;
- faire découvrir les cultures francophones à travers des expressions figées ;
- prendre conscience de la stratégie de travail en groupe ;
- développer les compétences langagières et discursives (à l'oral et à l'écrit) en intégrant l'interculturel ;
- encourager l'utilisation des ressources lexicographiques sur Internet.

Objectifs d'apprentissage

L'apprenant sera capable de...

- faire des hypothèses à partir d'un dessin ;
- identifier des expressions figées francophones ;
- construire une stratégie de travail en groupe dans le cadre d'un projet sur l'interculturel ;
- employer des expressions figées francophones dans la production orale et écrite dans un contexte interculturel ;
- utiliser des ressources lexicographiques sur Internet.

Ressources et outils

- Expressions francophones : http://www.tv5monde.com/archibald
- Expressions et leurs origines : www.expressio.fr
- Définitions, expressions : http://www.larousse.fr/dictionnaires/francais
- Fiche d'activités 1 : Sensibilisation. Présentation (travail en groupes)
- Fiche d'activités 2 : Anticipation et compréhension globale (travail en groupes)
- Fiche d'activités 3 : Compréhension détaillée. Production orale. Dialogue en plénière (travail en binôme)
- Fiche d'activités 4 : Production écrite. Rédaction de la carte postale (travail individuel)
- Fiche d'évaluation : QCM (12 questions). Évaluation sommative (autoévaluation)

AVANT (hors classe)

CONCEPTION DE LA TÂCHE / PROJET (ENSEIGNANT)

Enseignant

- Faire une sélection d'expressions idiomatiques issues des différents pays francophones qui représenteraient la diversité et la richesse de leurs cultures respectives.

- Réaliser/Trouver des ressources expliquant ces expressions d'une manière simple et humoristique (par ex. Expressions d'Archibald sur TV5Monde).

- Vérifier que ces ressources sont toujours accessibles en ligne.

- Réaliser les fiches d'activités.

Prérequis pour les activités de l'expression orale et écrite

- La thématique de l'expression d'un point de vue aura été abordée lors des cours précédents. Les apprenants auront acquis les connaissances culturelles et lexicales liées à ce sujet.

- Les différentes formules de dialogue, les règles de la rédaction d'une carte postale, les connecteurs logiques auront été étudiés préalablement.

Apprenant

- Trouver des informations sur les pays francophones suivants : la France, la Belgique, la Suisse, le Québec (situation géographique, langues parlées, régime politique, patrimoine culturel : personnalités, sites, gastronomie, etc.).

- Préparer une présentation sur un des pays (en 4 groupes).
Format : PowerPoint.
Nombre de diapos : 8-10.

PENDANT (déroulement de la classe)

CONCEPTION DE LA TÂCHE / PROJET (ENSEIGNANT)

Enseignant

Le 1er cours

- Animation d'une discussion en classe sur les présentations de la fiche d'activités 1.
- Répartition en 4 groupes. Distribution des images de la fiche d'activités 2 (1 pays par groupe). Exercice d'appariement.
- Correction en classe de la fiche d'activités 2.

Apprenant

Le 1er cours

- Échanger sur les présentations de la fiche d'activités 1.
- Observer les dessins et les expressions et deviner leurs pays d'origine (Fiche d'activités 2), en petits groupes.
- Correction de la fiche d'activités
Préparer à la maison un petit rapport sur l'origine d'une expression au choix (en utilisant les ressources Internet).

Activité supplémentaire :

Trouver les équivalents de ces expressions figées dans sa langue maternelle.

Par exemple,
- **France** : *Raconter des salades.*
- **Russie** : *Mettre des nouilles sur les oreilles. / Raconter des contes.*
- **Hongrie** : *Raconter des légumes.*
- **France** : *Poser un lapin*
- **Hongrie** : *Faire asseoir qqn dessus.*
- **Belgique** : *Après moi les mouches.*
- **France** : *Après moi le déluge.*

Donner des consignes sur les ressources lexicographiques sur Internet à utiliser (pour trouver à la maison l'origine d'une expression au choix) : www.expressio.fr

- Vérification de la bonne compréhension de la structure logique du plan du dialogue avec la fiche d'activités 3. Distribution des rôles. Donner des consignes : nombre de répliques et longueur (nombre de mots) des répliques. Correction individualisée pour chaque binôme.
- Présentation des dialogues en plénière. Définir les critères du choix de la meilleure présentation.
- Donner les consignes de rédaction d'une carte postale (structure, nombre de mots). Voir la fiche d'activités 4.

Le 2ᵉ cours

- Animation de la présentation sur les origines des expressions francophones.
- Distribution de la fiche d'évaluation QCM.
- Mise en commun (correction de la fiche d'évaluation). Autoévaluation.
- Animation d'une discussion autour du rôle des expressions imagées dans la langue (en petits groupes) et de leur élément interculturel :
  - *Pensez-vous que les expressions imagées représentent une couche culturelle de la langue ?*
  - *Utilisez-vous souvent des expressions figées ? Dans quelles situations ?*

- Élaboration du canevas du dialogue. Rédaction et présentation des dialogues – Fiche d'activités 3 (en binôme).

- Échanges autour des dialogues, choix de la meilleure présentation (critères : créativité, expressivité, cohérence).
- Rédaction d'une carte postale à la maison (Fiche d'activités 4).

Le 2ᵉ cours

- La présentation de l'origine d'une expression (un rapport, travail individuel).
- Travail individuel sur la fiche d'évaluation QCM.
- Mise en commun, correction collective de la Fiche d'évaluation.
- Discussion autour du rôle des expressions imagées dans la langue (en petits groupes).

ÉVALUATION

- Les corrections des activités permettent une évaluation à la fois formative et sommative qui consiste à évaluer les progrès des apprenants et à vérifier la conformité des performances langagières et discursives à la norme de la langue cible.
- L'évaluation des cartes postales est sommative et se fait par l'enseignant après le 2e cours.

ANNEXES

- **Fiche d'activités 1**

    Trouvez des informations sur les pays francophones suivants : la France, la Belgique, la Suisse, le Québec (situation géographique, langues parlées, régime politique, patrimoine culturel : personnalités, sites, gastronomie, etc.).

    Préparez une présentation sur un des pays (en 4 groupes, 1 pays par groupe).
    Format : PowerPoint. Nombre de diapos : 8-10.

- **Fiche d'activités 2**

Observez les dessins et les expressions ci-dessous et devinez leurs pays d'origine (la Suisse, le Québec, la France, la Belgique).

Tomber dans les pommes

Après moi les mouches

Raconter des salades

Avoir la clope

Fiche n° 5 : Parler avec des expressions idiomatiques

Poser un lapin

Être bleu de quelqu'un

Faire un clopet

Parler à travers son chapeau

Être le bobet du village

Être habillé comme la chienne à Jacques

Être sur le balan

Passer la nuit sur la corde à linge

Mise en œuvre de la classe inversée

- **Fiche d'activités 3**

Faites entrer les expressions dans des dialogues (1 expression par pays au choix, 6-8 répliques). Jouez-les en plénière.

Choisissez la meilleure présentation selon les critères suivants : créativité, expressivité, cohérence.

- **Fiche d'activités 4**

Rédigez une carte postale à votre ami(e) de France / de Suisse / de Belgique / du Québec en utilisant quelques expressions figées apprises. Nombre de mots : 90-100.

- **Fiche d'évaluation (QCM)**

France

1. Tomber dans les...
a. poires.
b. pommes.
c. prunes.

2. Raconter des...
a. salades.
b. betteraves.
c. endives.

3. Poser...
a. un lapin.
b. une poule.
c. un cochon.

Belgique

4. Après moi les...
a. papillons.
b. grenouilles.
c. mouches.

5. Avoir la...
a. clope.
b. top.
c. robe.

6. Être...
a. rouge de quelqu'un.
b. blanc de quelqu'un.
c. bleu de quelqu'un.

Suisse

7. Faire un...
a. piquet.
b. clopet.
c. ticket.

8. Être le...
a. bibelot du village.
b. bobo du village.
c. bobet du village.

9. Être sur le...
a. balan.
b. ballon.
c. balcon.

Québec

10. Parler à travers...
a. ses gants.
b. son chapeau.
c. sa veste.

11. Être habillé comme la...
a. vache à Jacques.
b. poule à Jacques.
c. chienne à Jacques.

12. Passer la nuit sur...
a. le sol.
b. la corde à linge.
c. le toit.

Corrigés

1 b. – 2 a. – 3 a. – 4 c. – 5 a. – 6 c. – 7 b. – 8 c. – 9 a. – 10 b. – 11 c. – 12 b.

Fiche n° 6
RACONTER UNE HISTOIRE

Concepteur
- Marc ODDOU, France

✓ **Public visé :** collège, Alliance, Institut français

✓ **Durée :** environ 20 minutes à la maison et 1 h 30 en classe

✓ **Niveau (selon le CECRL) :** B1-B2

Objectifs d'enseignement

Le cours vise à…

- repérer et connaître les étapes du schéma narratif ;
- utiliser les temps du passé afin de raconter une histoire suivant le modèle du schéma narratif (imparfait, passé simple, passé composé).

Objectifs d'apprentissage

L'apprenant sera capable de…

- raconter une histoire suivant le modèle du schéma narratif.

Ressources et outils

- Capsule vidéo sur le schéma narratif : https://goo.gl/qcH7Xu
- Capsule vidéo + feuille de route avec Google Forms : https://goo.gl/UojGpb
- Source du texte de la vidéo pour l'explication du schéma narratif depuis le site « Vikidia » : https://goo.gl/1mGdj4 (voir Annexe). Ce texte a été légèrement modifié pour la capsule

AVANT (hors classe)

CONCEPTION DE LA TÂCHE / PROJET (ENSEIGNANT)

Enseignant

- Ouvrir un nouveau document Google Forms, intégrer la capsule vidéo sur le schéma narratif et ajouter les questions de la feuille de route (voir Annexes).*

- Partager le lien du document Google Forms (capsule vidéo + questions) avec les apprenants.

* Voir partie 2 « Mise en œuvre de la classe inversée » à ce sujet.

Apprenant

- Visionner la capsule vidéo « Le schéma narratif » et répondre aux questions de la feuille de route.

Mise en œuvre de la classe inversée

PENDANT (déroulement de la classe)

CONCEPTION DE LA TÂCHE / PROJET (ENSEIGNANT)

Enseignant

- Faire le bilan des réponses de la feuille de route des apprenants et former des groupes de niveau suivant la complexité des activités (îlots).

Apprenant

- Activité niveau 1 : repérer les étapes du schéma narratif à partir d'un texte (voir ci-dessous).
- Activité niveau 2 : production écrite en respectant les étapes du schéma narratif ainsi que les temps (voir ci-dessous).

ÉVALUATION

- Évaluattion formative

ANNEXES

- **Questions de la feuille de route et corrigés**

1. **Combien d'étapes comprend le schéma narratif ?**
   5 étapes

2. **Écrivez dans l'ordre les étapes du schéma narratif :**
   La situation initiale, l'élément perturbateur, les péripéties, l'élément de résolution, la situation finale

3. **Comment se nomme l'étape qui annonce un changement ?**
   L'élément perturbateur

4. **Associez les temps à utiliser en général pour les 3 premières étapes.**
   Situation initiale : imparfait de l'indicatif
   Élément perturbateur : passé simple de l'indicatif
   Les péripéties : passé simple ou présent de l'indicatif

5. **Écrivez en une ligne l'élément perturbateur d'une histoire que vous avez lue (donnez son titre).**
   Réponse libre.

6. **Écrivez en une ligne la péripétie d'un film (donnez le titre de ce film).**
   Réponse libre.

122

• Activités par îlots, formation de groupes

▸ Groupes / îlots niveau 1 – Repérage des étapes du schéma narratif :

Exemple d'un texte à découper suivant les étapes du schéma narratif (d'autres textes sont disponibles sur le web avec les mots clés « histoires schéma narratif », par exemple).

Texte à découper

Alice, une fillette de 8 ans, passait ses vacances chez ses grands-parents. Un jour, elle trouva dans le grenier une bobine de ficelle dorée. Dessus on pouvait lire : « Tire la ficelle pour aller dans le futur. » Alice aimait les vacances et ne voulait pas aller dans le futur, elle mit la bobine dans sa poche.

Après les vacances, Alice s'ennuyait à l'école. Elle prit la bobine, tira un peu la ficelle. Hop ! En une seconde le cours était terminé et c'était la récréation ! D'abord ce furent les cours ennuyeux, puis les journées de pluie, l'hiver, tous les moments qu'elle n'aimait pas. Très vite, elle eut 14, 20, 30, 40 et enfin 90 ans. Elle était triste car dans sa tête un seul mois était passé. Elle aurait tout donné pour ne pas avoir trouvé cette bobine et vivre tous les moments de la vie. Elle avait 91 ans quand une fée sortit de la bobine et lui dit « Maintenant tu connais la valeur du temps, tu sais qu'il faut accepter de vivre les bons et les mauvais moments. » Alice approuva sans hésiter. Et elle se retrouva dans le grenier à l'âge de 8 ans. Elle reposa sans regret la bobine qui disparut alors pour toujours.

Découpage

Noms des étapes	Consigne : « Copier-coller les parties du texte correspondant à chaque étape » *(ajout des réponses ci-dessous)*
La situation initiale	*Alice, une fillette de 8 ans, passait ses vacances chez ses grands-parents.*
L'élément perturbateur	*Un jour, elle trouva dans le grenier une bobine de ficelle dorée. Dessus on pouvait lire : « Tire la ficelle pour aller dans le futur. » Alice aimait les vacances et ne voulait pas aller dans le futur, elle mit la bobine dans sa poche.*
Les péripéties	*Après les vacances, Alice s'ennuyait à l'école. Elle prit la bobine, tira un peu la ficelle. Hop ! En une seconde le cours était terminé et c'était la récréation ! D'abord ce furent les cours ennuyeux, puis les journées de pluie, l'hiver, tous les moments qu'elle n'aimait pas. Très vite, elle eut 14, 20, 30, 40 et enfin 90 ans. Elle était triste car dans sa tête un seul mois était passé. Elle aurait tout donné pour ne pas avoir trouvé cette bobine et vivre tous les moments de la vie.*
L'élément de résolution	*Elle avait 91 ans quand une fée sortit de la bobine et lui dit « Maintenant tu connais la valeur du temps, tu sais qu'il faut accepter de vivre les bons et les mauvais moments. » Alice dit oui sans hésiter.*
La situation finale	*Et elle se retrouva dans le grenier à l'âge de 8 ans. Elle reposa sans regret la bobine qui disparut alors pour toujours.*

▸ Groupes / îlots niveau 2 – Production écrite :

Consigne 1 : Proposer une histoire et écrire la, ou les, étape(s) manquante(s).

Consigne 2 (à donner aux apprenants) : Écrire une histoire à plusieurs en respectant les étapes du schéma narratif.

Fiche n° 7
INTERPRÉTER UN CHAPITRE D'UNE ŒUVRE LITTÉRAIRE

Conceptrices
- Sylvie MARANDAT, pays-Bas
- Sang HEE LEE, Corée du Sud

✓ **Public visé :** Adolescents, adultes

✓ **Durée :** 20 minutes à la maison, puis un cours de 1 h 30 à 2 h, puis 45 minutes à la maison puis un 2ᵉ cours de 1 h 30 à 2 h en classe

✓ **Niveau (selon le CECRL) :** B1-B2

Étude du chapitre 10 de l'œuvre littéraire *Le Petit Prince* d'Antoine de Saint-Exupéry

Objectifs d'enseignement

Le cours vise à...

- rendre les apprenants aptes à exprimer une opinion ;
- prendre conscience de l'emploi du subjonctif dans certaines structures grammaticales ;
- informer les apprenants sur les différences entre deux formes de régimes politiques

Objectifs d'apprentissage

L'apprenant sera capable de...

- comparer différents média pour l'acquisition de l'information et repérer celui qui convient à ses aptitudes d'apprentissage et à sa personnalité ;
- exprimer sa préférence avec l'emploi d'éléments de comparaison comme le comparatif ;
- repérer les structures grammaticales qui exigent l'emploi du subjonctif et apprendre le subjonctif ;
- faire la comparaison entre deux modèles de régimes politiques.

Ressources et outils

- Livre : Antoine de Saint-Exupéry, *Le Petit Prince*, « Le petit prince et le roi » (chapitre 10), 1943
- Texte audiovisuel, *Le petit Prince* (chapitre 10) : https://goo.gl/cTSJeJ
- Version musicale, *Le petit Prince* (chapitre 10) : https://www.youtube.com/watch?v=J9EOVzx7dPI&frags=pl%2Cwn
- Capsule vidéo « Formation du subjonctif et son emploi » : https://www.youtube.com/watch?v=wdKogBCxACY&frags=pl%2Cwn
- Capsule vidéo « Les comparatifs en Français » : https://goo.gl/XM4kvG
- Fiche d'activité 1 « Exercice d'application : le subjonctif »
- Fiche d'activité 2 « Questionnaire à choix multiples »
- Fiche d'activité 3 « Remplacer les verbes à l'infinitif par le subjonctif »
- Jeu de l'oie : plateau de jeu, un dé (Voir Annexes)

Fiche n° 7 : Interpréter un chapitre d'une œuvre littéraire

AVANT (hors classe)

Enseignant

- Réaliser les fiches d'activités 1, 2 et 3 + le jeu de l'oie.

- Distribuer la fiche d'activités 1 en format papier aux apprenants au cours précédent, ou la publier sur Google Forms ou via une plateforme pédagogique.

- Le cours précédent, introduire les éléments de comparaison (le comparatif) et donner des exercices d'application.

  Prérequis 1 : le fonctionnement de la démocratie aura été étudié en classe au préalable, ce qui aura permis aux apprenants d'acquérir les connaissances culturelles et lexicales liées à ce sujet.

Apprenant

- Lire le chapitre 10 du livre *Le petit Prince*, en écouter la version audio ou en visionner la version musicale suivant les groupes.

- Visionner la capsule vidéo « Formation du subjonctif et son emploi ».

- Faire l'activité de repérage proposée dans la fiche d'activités 1.

PENDANT (déroulement de la classe)

Enseignant

- Courte discussion en groupe-classe sur les tâches accomplies à domicile.

- Correction en groupe-classe de la fiche d'activités 1 « Exercice d'application : le subjonctif » et clarification.

- Distribution du questionnaire à choix multiple (Fiche d'activités 2). Vérification de la compréhension globale du contenu du chapitre 10. Correction en groupe-classe de la fiche d'activités 2.

- Diviser la classe en groupes pour la suite des activités.

- Projeter la version musicale du chapitre 10 du *Petit Prince*.

Apprenant

- Échange sur les impressions des tâches attribuées à domicile.

- Correction de la fiche d'activités 1.

- Fiche d'activités 2 à faire individuellement.

- Visionner la version musicale du chapitre 10 du *Petit Prince*.

125

• Demander aux apprenants de donner leurs impressions ressenties au cours de la projection : - par rapport à la forme : couleurs, paysages, musique, bruitages et mise en scène ; - par rapport au fond : le petit prince arrive sur la planète d'un roi.	• Utiliser les expressions suivantes : *je trouve que, je pense que, à mon avis, je suis d'avis que, selon moi.*
• Repérer, en petits groupes, les indices visuels et langagiers démontrant qu'il s'agit d'une monarchie. Vérifier ensuite les réponses en groupe-classe.	• En petits groupes repérage des indices visuels et langagiers démontrant qu'il s'agit d'une monarchie.
• Vérification des connaissances sur les comparatifs (notion grammaticale abordée au cours précédent).	
• Faire visionner la capsule vidéo « Les comparatifs en français ».	• Visionner la capsule vidéo.
• Application : Faire une comparaison entre les différents médias proposés aux groupes pour l'étude du chapitre 10. Annoncer au groupe-classe sa préférence.	• Discuter en petits groupes de ses préférences entre les différents médias.
• Évaluation formative du subjonctif : - proposer l'activité du jeu de l'oie en petits groupes ; - proposer des exercices d'application.	• Jeu de l'oie avec dé. Faire des phrases au subjonctif en utilisant les expressions inscrites sur le plateau de jeu.
• Fiche d'activités 3 : correction de l'exercice en groupe-classe.	• Fiche d'activités 3 (en binôme) : - repérage des expressions liées au système monarchique ; - écrire les expressions dans son classeur pour faire l'exercice à domicile.
• Distribution d'un extrait du chapitre 10 à chaque groupe. - Repérer les expressions en rapport avec le système monarchique. - Récapituler au tableau ces expressions et les donner à transposer au subjonctif comme tâche à domicile pour une évaluation sommative (si on manque de temps en classe). La correction de cet exercice sera alors faite ultérieurement	
• Aborder les aspects culturels s'il reste du temps en groupe-classe. Description de la monarchie, évoquer le système monarchique dans différents pays européens	• À faire à la maison : discussion à l'écrit sur les différences entre la monarchie et la démocratie.

ANNEXES

- **Fiche d'activité 1 : Exercice d'application : le subjonctif**

Fiche faite à domicile et corrigée en classe.

Mettre les verbes entre parenthèses au subjonctif.

1. Je souhaite que tu (*réussir*) à tes examens.
2. Je veux que vous (*être*) prêts à l'heure.
3. Il faut qu'ils (*avoir*) du courage.
4. Nous regrettons qu'elles ne (*pouvoir*) se joindre à nous.
5. Il est nécessaire que nous (*faire*) des efforts pour protéger la planète.
6. Je ne suis pas certaine qu'il (*savoir*) écouter.
7. La direction du parc exige que les visiteurs (*aller*) ramasser leurs déchets.
8. Il est possible qu'il (*pleuvoir*) cet été.
9. Elles doutent qu'il (*falloir*) suivre ces conseils.
10. Je crains que nous (*devoir*) agir rapidement.

- **Fiche d'activité 2 : Questionnaire à choix multiples**

Choisissez la bonne réponse (Compréhension orale et écrite du chapitre 10).
Les réponses attendues apparaissent en italique.

1. Qui habite sur la planète ?
    a. Le géographe
    b. L'allumeur de réverbère
    c. *Le roi*

2. Qu'est-ce que le roi ne tolère pas ?
    a. La paresse
    b. *La désobéissance*
    c. L'autorité

3. Qu'est-ce que le roi exige de chacun ?
    a. La tolérance
    b. La discipline
    c. *Ce que chacun peut donner*

4. Gouverner selon le roi, c'est :
    a. *Attendre que les conditions soient favorables.*
    b. Faire obéir ses sujets coûte que coûte.
    c. Faire régner la terreur.

5. Qu'est-ce qui est le plus difficile selon le roi ?
    a. Faire régner l'ordre
    b. *Se juger soi-même*
    c. Juger les autres

- **Fiche d'activité 3 : Remplacer les verbes à l'infinitif par le subjonctif**

Après avoir repéré dans le chapitre 10 du *Petit Prince* les expressions liées à la communication dans un système monarchique, remplacer les verbes à l'infinitif par le subjonctif

Exemple : Il est interdit de bailler.
→ *Il est interdit que vous **bailliez**.*

1. Je leur ordonne d'être obéissants
   J'ordonne qu'ils .... obéissants.

2. Désobéir est intolérable
   Il est intolérable que vous ....

3. Je lui ordonne d'aller s'asseoir
   J'ordonne qu'il ....

4. Je vous ordonne de m'interroger
   J'ordonne que vous ....

5. Il est intolérable d'être indiscipliné
   Il est intolérable que vous .... indiscipliné.

- **Jeu de l'oie**

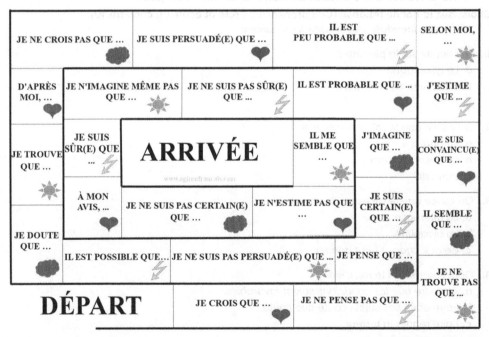

https://www.agirenfrancais.com

Fiche n° 8
RÉDIGER UN ARTICLE COLLABORATIF

Conceptrices
- Rosemarie THURNER-PUSCHNIK, Autriche
- Huguette ABOU-MRAD, Liban

✓ **Public visé** : scolaire (lycéens de 15-16 ans)

✓ **Durée** : environ 4 périodes de 50 mn et, à la maison, un questionnaire qui demandera 10-15 minutes pour être prêt au dépouillement + une capsule vidéo à visionner à la maison au préalable.

✓ **Niveau (selon le CECRL)** : B2

Objectifs d'enseignement

Le cours vise à...

- montrer les différences interculturelles en ce qui concerne le mariage dans différents pays ;
- montrer les différences entre les générations (en général) ;
- rédiger un article collaboratif sur le thème.

Objectifs d'apprentissage

L'apprenant sera capable de...

- classer des photos par catégories ;
- préparer un questionnaire ;
- mener une interview (utilisation de l'inversion du sujet, du questionnement, de l'intonation) ;
- synthétiser ;
- rédiger un article pour le magazine de l'école.

Ressources et outils

- 3-4 lots de photos de scènes de mariages choisies par les enseignants-facilitateurs. Le contenu des photos : des scènes de mariage dans différents pays, à des époques différentes, des mariages civils et/ou religieux.
- Extraits du film *Qu'est-ce qu'on a fait au Bon Dieu ?*, 2014, film français de Philippe de Chauveron (Film 1).
- Extrait du Film *Les Aventures de Rabbi Jacob*, 1973, film comique franco-italien de Gérard Oury avec Louis de Funès. La scène du mariage (Film 2).

Mise en œuvre de la classe inversée

AVANT (hors classe)

CONCEPTION DE LA TÂCHE / PROJET (ENSEIGNANT)

Enseignant

- Sélectionner les photos de mariage appartenant aux pays choisis et les distribuer.
- Sélectionner les extraits de film à projeter.
- Révision pour les apprenants qui le souhaitent des prérequis linguistiques et pragmatiques déposés sur la plateforme.

Prérequis
- Linguistiques : l'inversion du sujet ; le vocabulaire de l'analyse ; donner son avis ; les modalisateurs.
- Pragmatiques : la prise de parole en public, l'analyse audiovisuelle.

Apprenant

- Visionner les deux extraits de film placés sur la plateforme.

PENDANT (déroulement de la classe)

CONCEPTION DE LA TÂCHE / PROJET (ENSEIGNANT)

Enseignant

- Diviser la classe en groupes de 3 ou 4 apprenants.
- Distribuer les photos. Attribuer un lot de photos à chaque groupe. Vérifier que la consigne de classer les photos et de les catégoriser en ressortant les points de similitude et les divergences a été assimilée et appliquée.
- Corriger le questionnaire et l'adapter si nécessaire avant de le proposer aux membres de sa famille.
- Gérer la prise de paroles lors de la discussion sur les différents questionnaires.
- Mener et relancer les discussions.

Apprenant

- Coller les photos au mur suivant les catégories proposées par les apprenants du groupe-classe (exemple : cérémonie religieuse/civile, mariage récent/ mariage d'époque, mariage simple et peu coûteux/ mariage coûteux, etc.)
- Rédiger un questionnaire (un par groupe). Imaginer 8-10 questions à poser aux membres de sa famille (parents, grands-parents, etc.) sur leur mariage, leur rencontre avec leur futur(e) mari/femme...
- Analyser les réponses des questionnaires. Faire un retour sur les différentes expériences par un reporter du groupe (désigné avant).
- Discuter des modes de vie.
- Rédiger d'une façon collaborative un article sur la thématique par groupe de 4.

ÉVALUATION

Écriture collaborative : Rédiger en groupe un article, sur le mariage, pour le magazine de votre école où vous mettrez en relief les points communs et les différences les plus évidentes entre les cultures (évaluation formative).

Troisième partie

Entretiens

La classe inversée dans l'enseignement-apprentissage du français entre de plus en plus dans nos salles de cours. Nous avons rencontré des enseignants qui ont bien voulu nous raconter leur expérience.

ENTRETIEN AVEC NANCY ABI KHALIL-DIB, CHEF DU DÉPARTEMENT DE FRANÇAIS À L'UNIVERSITÉ DES ARTS, DES SCIENCES ET DE TECHNOLOGIE (LIBAN)

Nancy Abi Khalil-Dib est chef du département de français à l'Université des Arts, des Sciences et de Technologie au Liban. Elle est également chercheuse en Neurosciences, enseignante de FLE et examinatrice-correctrice du DELF à l'Institut Français du Liban. Elle a commencé à avoir recours à la classe inversée en 2017. C'était pour elle une manière d'intégrer les technologies numériques, si communes aux étudiants, dans les méthodologies et les pratiques d'enseignement du FLE de son département. La classe inversée était une nouveauté techno-pédagogique pratique et efficace.

Pourquoi avez-vous décidé de mettre en place la classe inversée dans vos cours ?

De nos jours, les technologies numériques nous envahissent et s'imposent dans notre quotidien. Nos étudiants, qui font partie de la génération Y, sont en permanence connectés à leurs téléphones mobiles au point d'aller jusqu'à négliger parfois tout ce qui ne relève pas de l'utilisation de la toile. Dès lors, réagir face à cet état des lieux devient pour moi une obligation afin, d'une part, de mener à bien l'enseignement du FLE au sein de mon institution en impliquant directement les étudiants dans leur apprentissage : ils apprennent par eux-mêmes en faisant des recherches... Ce sont eux qui détiennent le savoir et qui apprennent par eux-mêmes en se servant d'un outil (Internet) qu'ils aiment, maîtrisent et gèrent à leur rythme.

D'autre part, c'est aussi une nécessité pour mieux investir le temps imparti aux cours de français. Il est presque impossible de pouvoir, avec le temps qu'il nous est accordé pour chaque cours de français (24 séances de 90 mn chacune), travailler les différentes approches linguistiques, méthodologiques et culturelles qu'un cours de FLE exige, notamment pour la préparation aux DELF B1 et B2. Avec la classe inversée, cette contrainte temporelle se dissipe : l'étudiant visualise chez lui les vidéos explicatives de méthodologies et vient en classe pour appliquer ce qu'il a appris. Il se valorise, se motive et s'implique davantage. Quant à l'enseignant, il n'est plus le détenteur du savoir mais joue le rôle d'accompagnateur et d'orienteur. En ce qui concerne l'orthographe lexicale et grammaticale et la morphosyntaxe, les étudiants les préparent à l'avance grâce aux capsules et aux documents écrits postés sur la plateforme sans « gaspiller » du temps de classe. Toutefois, quelques notions exigent l'intervention de l'enseignant pour une explication beaucoup plus pertinente.

Enfin, il est important de réagir pour donner du sens à l'aliénation des étudiants aux technologies : partant du constat que nos étudiants passent plus de 80 % de leur temps face à l'écran en se suralimentant d'informations inutiles, il devient urgent de repenser cet usage en faisant de ces moyens de communication un formidable outil de libération, de connaissance, de réflexion, et d'échanges. Demander à l'étudiant de visualiser une vidéo ou de lire un document depuis son portable lui fait plaisir et le rassure : il n'a pas besoin de se soumettre aux contraintes spatio-temporelles et s'en réjouit.

C'est ainsi que la classe inversée s'est introduite naturellement dans nos pratiques éducatives.

Comment cette mise en place s'est-elle faite ?

En tant que chef de département, innover et être à l'écoute des besoins et des goûts des étudiants francophones de l'Arts, Sciences and Technology University in Lebanon (AUL) répartis sur quatre campus francophones sont les clés de ma réussite professionnelle. C'est ainsi que lors d'une réunion de mon département, j'ai proposé et expliqué l'idée de la Classe Inversée aux enseignants, qui l'ont accueillie avec enthousiasme et n'ont pas hésité à l'appliquer dans leurs cours en expliquant à leurs étudiants la démarche et ses avantages.

Au début ce n'était pas facile ni vraiment réussi mais, à force de persévérer, c'est devenu un rituel hebdomadaire pour les étudiants.

Nous avons commencé à poster sur Internet des leçons de grammaire et d'orthographe et demandé aux étudiants – on choisissait un apprenant à chaque leçon – de les expliquer en classe. Pour inciter tous les étudiants à travailler, nous avons inclus dans les évaluations partielles et finales des exercices de connaissances de la langue.

Plus tard, toutes les fiches lexicales (connecteurs logiques, verbes d'opinion, de volonté, lexique d'opposition, etc.) et méthodologiques (techniques de la Production écrite et orale, de la compréhension écrite et orale avec des exemples à l'appui) ont été postées sur la plateforme.

Quelle a été la réaction de vos élèves au départ ?

Tout début est difficile. Et que dire lorsqu'il s'agit d'une nouveauté à introduire en classe de FLE, considérée pour les uns comme une corvée et pour les autres comme une incroyable perte de temps.

Réticence et plaintes ont accompagné le lancement de la classe inversée avec à la base un argument commun à l'ensemble des étudiants : pourquoi nous faire travailler le français en dehors de la salle de classe ? Nous manquons déjà de temps, nous sommes inondés de projets...

La patience des enseignants, l'explication détaillée des avantages de la classe inversée et le recours à des témoignages sur YouTube d'étudiants ayant déjà utilisé cette nouveauté ont déblayé le terrain et les ont encouragés à se lancer dans cette aventure techno-pédagogique.

Et maintenant ?

80 % des étudiants déclarent être satisfaits de la classe inversée. En fait, placer l'étudiant au centre de son apprentissage revêt une valeur personnelle majeure : l'étudiant se sent « maître » de son savoir. Il n'est plus dépendant de son enseignant. Il entre avec lui, comme avec l'ensemble de la classe, dans une interaction qui lui permet de s'identifier en tant qu'utilisateur autonome et conscient de son savoir, voire de son apprentissage.

Sur le plan technique, revenir sur ses documents (vidéos, fiches...) à sa guise et les travailler à son rythme lui assure une certaine aisance et bannit tout sentiment d'infériorité par rapports aux autres étudiants. En effet, nous sommes confrontés, notamment sur le plan linguistique, à un public extrêmement hétérogène se classant en trois catégories : faibles, moyens (niveau plus ou moins acceptable) et forts (niveau élevé). La classe inversée permet ainsi aux faibles et aux moyens de se sentir au même niveau que les forts et ce en travaillant, avant de venir en classe, le lexique qui leur est difficile, les notions confuses et d'approfondir leurs connaissances. C'est donc un bénéfice linguistique et moral intense dont nos étudiants sont conscients.

Comment se passe le cours en présentiel ?

Avec la classe inversée, le cours en présentiel est devenu un moment d'échange et de débat. Il n'est plus monopolisé par l'enseignant. Les étudiants se responsabilisent : en classe, ils transmettent le savoir et l'impliquent davantage dans les différentes tâches langagières. Ils « investissent » en quelque sorte ce qu'ils ont eux-mêmes appris. Aujourd'hui, je peux dire que dans ma classe l'union des étudiants et la collaboration entre eux donnent au cours en présentiel, considéré auparavant par certains étudiants comme monotone et ennuyeux, toute son ampleur. L'implication concrète des étudiants est le carburant de mes cours en présentiel.

Un autre avantage : le temps est mieux réparti et les tâches sont beaucoup plus rapidement achevées. Le temps auparavant consacré aux notions linguistiques (grammaire, lexique...) est mieux investi. Le cours est l'occasion de mutualiser les connaissances et de les appliquer, plus consciemment, dans les différentes tâches.

Quels sont les obstacles que vous avez rencontrés (administration, apprenants, collègues, technologie…) ?

Il est vrai que cette innovation en matière d'enseignement-apprentissage est très pertinente, mais il ne faut pas camoufler les différents obstacles auxquels son application peut se heurter. L'obstacle de base est avant tout d'ordre pédagogique : la classe inversée n'est pas une individualisation du savoir par l'apprenant mais c'est un outil, un moyen qui permet une reconsidération de l'espace-temps du cours et de meilleures implication et interaction de l'apprenant qui est, avec les autres étudiants et l'enseignant, dans une relation pédagogique communicative et interactive triangulaire allant :

- dans un premier temps, de l'apprenant vers les autres apprenants puis vers l'enseignant : le travail de groupe entre les étudiants est valorisé dans ce contexte ; ils travaillent ensemble, découvrent et apprennent ensemble avant de se référer à l'enseignant ;

- dans un deuxième temps, des apprenants vers l'apprenant et vers l'enseignant : ceci se traduit en cas où un apprenant a/aura à expliquer une leçon. L'échange actif entre les étudiants est porteur de sens.

- dans un troisième temps, de l'enseignant vers les étudiants : c'est quand l'enseignant vérifie, corrige et concrétise les notions/leçons découvertes par les étudiants.

Il n'est pas toujours facile de faire comprendre à la direction, aux enseignants et aux étudiants ce qu'est la classe inversée. Quant à l'application, les premières semaines sont difficiles et risquées : l'apprenant peut se croire capable d'individualiser son savoir et par la suite le taux d'absentéisme au cours en présentiel augmente ce qui nuit à la qualité de l'apprentissage et à la note d'assiduité de l'étudiant.

Le deuxième obstacle est logistique et technologique : la connexion Internet pose problème au Liban. Si l'étudiant ne télécharge pas le document, il risque de ne pas pouvoir le visualiser faute d'une bonne connexion. Et s'il le fait depuis son portable (souvent doté d'une connexion haut débit), il risque de dépenser un peu trop de son compte Internet.

Qu'apporte la classe inversée à votre cours ?

Du dynamisme, de l'implication, de l'interaction et surtout de la responsabilisation. Avec la classe inversée, mes cours de langue prennent la forme de travaux pratiques, tellement appréciés par les étudiants qui se sentent valorisés et au sein de leur apprentissage.

La classe s'apparente à une ruche. La dynamique de classe émeut : tout le monde participe ; il n'y a plus d'étudiants « exclus-isolés » mentalement, tous sont

« contents » (plus de visages crispés ni ennuyés, plus de bâillement) ; il y a des débats polémiques surtout quand la classe inversée est appuyée par le World Café*.

L'objectif pédagogique est donc atteint et avec succès : je ne suis plus dans des cours magistraux en train de me battre pour transmettre le savoir ; au contraire, l'enseignement-apprentissage revêt une autre valeur : celle de se construire personnellement, par et avec les autres dans une atmosphère (de classe) interactive, communicative, dynamique et détendue.

Auriez-vous des conseils à donner à un enseignant qui souhaiterait se lancer dans la classe inversée ?

Il faut d'abord qu'il soit convaincu de l'utilité de cette pratique, sinon, il ne réussira jamais à convaincre ses étudiants à l'utiliser.

Varier les supports est également une pierre angulaire dans l'introduction de cette technique dans les pratiques éducatives : ne jamais sombrer dans un genre particulier de ressources, leur diversité suscitera l'enthousiasme et l'intérêt des étudiants, seule garantie de la réussite de cette pratique.

Enfin, faire confiance à l'étudiant : avec la classe inversée, l'enseignant ne peut pas surveiller le travail personnel de l'étudiant. Or, sa tendance à le sanctionner s'il ne réalise pas les tâches demandées ne doit pas se manifester régulièrement. Il faut avoir une approche compréhensive avec l'étudiant et essayer de trouver ensemble une solution qui permet à l'étudiant d'être à l'aise dans son apprentissage.

---

* « Le "World Café" est un processus créatif qui vise à faciliter le dialogue constructif et le partage de connaissances et d'idées, en vue de créer un réseau d'échanges et d'actions. Ce processus reproduit l'ambiance d'un café dans lequel les participants débattent d'une question ou d'un sujet en petits groupes autour de tables. À intervalles réguliers, les participants changent de table. Un hôte reste à la table et résume la conversation précédente aux nouveaux arrivés. Les conversations en cours sont alors "fécondées" avec les idées issues des conversations précédentes avec les autres participants. Au terme du processus, les principales idées sont résumées au cours d'une assemblée plénière et les possibilités de suivi sont soumises à discussion. » <http://www.pedagoform-formation-professionnelle.com>

ENTRETIEN AVEC GÉRALDINE LARGUIER, ENSEIGNANTE À L'UNIVERSITÉ DE PAU ET DU PAYS DE L'ADOUR (FRANCE)

Géraldine Larguier a enseigné comme professeur de lettres en France puis à l'étranger pendant 16 ans, d'abord au Lycée français de Bogota (Colombie) puis au lycée turc bilingue Saint-Joseph à Istanbul (Turquie) où elle a coordonné l'équipe d'enseignants de français pour le niveau Lycée. À force d'être au contact d'élèves étrangers, elle s'est orientée vers l'enseignement du Français Langue Étrangère et a progressivement intégré l'utilisation d'outils numériques et de la classe inversée dans ses pratiques de classe, avec enthousiasme et modération.

Elle enseigne actuellement à l'Université de Pau et Pays de l'Adour à des étudiants étrangers (cours de FLE et de littérature) au sein de l'Institut d'Études Françaises pour Étudiants étrangers (IEFE) et donne des cours de Tice (Technologies de l'Information et de la Communication pour l'Enseignement) aux étudiants de Master FLE.

Pourquoi avez-vous décidé de mettre en place la classe inversée dans vos cours ?

Je suis arrivée à la classe inversée en créant des tutoriels pour l'équipe d'enseignants que je coordonnais afin qu'ils puissent s'approprier à distance et à leur rythme les outils numériques qui me semblaient intéressants. Puis je me suis dit que ces petites vidéos ou capsules pourraient aussi être utiles pour les élèves. Comme beaucoup d'enseignants, je me reprochais à la fin de chaque cours d'avoir trop occupé le temps de parole par rapport à celui de mes apprenants. Autre frustration récurrente : l'impression de toujours manquer de temps pour utiliser la langue ou la grammaire dans des conditions réelles, authentiques. J'avais trop souvent la sensation que la plus grande partie du temps et de l'énergie en classe était consacrée à la découverte d'un fait de langue, puis à son appropriation et qu'au moment de passer à la tâche finale, je bâclais, à regret, cette étape à cause de la nécessité impérieuse d'avancer. Or la tâche finale représente la partie la plus intéressante, celle qui donne tout son sens à l'apprentissage.

Comment cette mise en place s'est-elle faite ?

J'ai commencé mes premiers cours inversés avec des points de méthodologie : par exemple, au lieu d'expliquer en cours la démarche pour l'épreuve orale du DELF B2, j'ai créé une capsule dans laquelle j'ai expliqué son déroulement et je l'ai envoyée à mes élèves, tout en leur rappelant qu'ils pourraient la regarder plusieurs fois, prendre des notes, etc. Cette première tentative a bien fonctionné : en présentiel, j'ai répondu à leurs questions et nous avons pu entrer dans l'action plus rapidement. Ils ont reçu des textes et ont préparé un oral par petits groupes. J'aurais aussi pu distribuer une feuille de méthodologie à lire à la maison : toutefois la capsule a l'immense mérite de prolonger le bain linguistique de l'apprenant en l'obligeant à écouter attentivement, pas seulement à lire. Et force est de constater qu'en cours de langue, les occasions d'exposer les apprenants à la langue cible sont précieuses. Puis j'ai continué avec des capsules pour écrire une lettre argumentative, une lettre de réclamation, un paragraphe argumentatif, etc.

Quelle a été la réaction de vos élèves au départ ?

Lorsque j'ai voulu étendre cette pratique à la grammaire, au lexique, mes élèves ont été moins enthousiastes pour certains, notamment pour les meilleurs car ils ont trouvé que ce n'était pas aussi clair qu'en cours. Le fait que l'enseignant ne soit pas là pour répondre immédiatement aux questions les a frustrés. Il a fallu du temps pour en expliquer les avantages et pour dompter leur appréhension de la nouveauté.

Et maintenant ?

Aujourd'hui, mon public a changé : j'enseigne à des étudiants souvent très motivés dont la majorité aime vraiment travailler en classe inversée. De manière générale, l'utilisation de vidéos, de capsules à visionner chez soi se répand et devient une pratique moins excentrique qu'il y a quelques années. Les apprenants apprécient le fait de pouvoir regarder leur capsule tranquillement chez eux, à leur rythme, en prenant des notes et en commençant à faire des exercices. Je n'ai plus aucune remarque négative sur cette pratique, bien au contraire.

Comment se passe le cours en présentiel ?

Pour moi, le moment où les apprenants restituent ce qu'ils ont compris de la capsule pendant le cours en présentiel, où ils s'expliquent les uns aux autres, où ils commencent à manipuler un nouveau point de grammaire en mettant directement la main à la pâte est un moment de plaisir, même si je sais qu'un cours en classe inversée est plus risqué qu'un cours traditionnel, dans le sens où tout peut capoter si la capsule n'est pas claire, si les étudiants ne l'ont pas regardée, etc. Il faut accepter d'être réactif et d'improviser.

Il est important de faire comprendre aux étudiants qu'au-delà de l'étape « bien comprendre », il y a un cap supplémentaire : être capable d'expliquer aux autres, de reformuler. Rien de bien nouveau ! Boileau l'écrivait déjà il y a bien longtemps : « Ce qui se conçoit bien s'énonce clairement et les mots pour le dire arrivent aisément.[1] »

---
1 Nicolas Boileau, *L'Art poétique*, 1674.

Pour les moins timides, ce moment de la restitution en classe est une source de plaisir car ils collaborent, expliquent aux autres, posent des questions ; bref, ils sont actifs. C'est plus délicat pour les plus timides qui préfèreraient être moins exposés et me voir au tableau en train de faire cours. Mais, si l'on parvient à instaurer un climat de confiance et de bienveillance, on arrive à leur faire comprendre que ce détour de la co-construction est un gain pour eux, que faire des erreurs n'est pas dramatique, ni honteux, mais plutôt constructif.

Aujourd'hui, j'ai intégré la classe inversée dans mes pratiques de classe au point qu'il m'est difficile de faire un cours de grammaire comme je le faisais avant, tant il me semble que cette approche permet de mettre vraiment le curseur sur le réinvestissement de la langue, sur la tâche finale. L'étude de la grammaire, du lexique, n'est plus une fin en soi, mais une étape, un moyen pour que l'apprenant devienne un acteur social, comme le préconise le CECRL.

Quels sont les obstacles que vous avez rencontrés ? (administration, apprenants, collègues, technologie...)

Contrairement à ce que l'on pourrait imaginer, les obstacles les plus difficiles ne sont pas technologiques : il est plutôt facile de créer une capsule si l'on ne se fourvoie pas dans les méandres de la pléthore d'outils existants. À mon avis, il suffit de bien maîtriser un ou deux outils sur le plan technologique pour pouvoir se concentrer sur le contenu de la capsule.

La plus grande difficulté repose davantage sur le contenu, sur la scénarisation, notamment en grammaire. Il y a en effet a priori une contradiction essentielle entre d'une part, la vidéo qui est par définition figée, dans le sens où elle suit un scénario prédéfini qui ne peut donc pas tenir compte des différentes hypothèses élaborées par les apprenants, et, d'autre part, la démarche utilisée en FLE, qui consiste à faire découvrir et construire les règles par les apprenants en leur demandant de faire des hypothèses sur les faits de langue, sur l'utilisation d'un temps, etc. Or, la plupart des capsules que l'on trouve sur Internet suivent une démarche déductive et déroulent un cours magistral sur comment utiliser le passé composé ou comment conjuguer à tel ou tel temps. Concilier ces deux dynamiques, celle de la vidéo figée et celle de la construction du savoir par l'apprenant représente un défi certain et n'admet pas une solution unique. Tout dépend du contexte d'enseignement/apprentissage.

Qu'apporte la classe inversée à votre cours ?

Dans mon contexte d'apprentissage, j'apprécie beaucoup que mes étudiants arrivent en cours avec un horizon d'attente bien défini. S'il s'agit par exemple, d'un cours en classe inversée pour la tâche finale, ils en parlent entre eux avant le début du cours pour constituer des groupes ou trouver un sujet qui leur plaise. En cours, ils posent des questions, parlent de leurs réactions au lieu d'écouter passivement les consignes. La dynamique du cours en est donc nettement modifiée puisque les apprenants connaissent avant le cours quel en sera le thème mais aussi parce qu'ils savent qu'ils vont jouer un rôle clé dans la phase de restitution en présentiel.

Un autre avantage est le fait de passer plus vite à l'action : lorsque les activités de bas niveau cognitif sont transférées à la maison, on peut, en présentiel, plus rapidement passer à la manipulation des outils linguistiques ou se mettre à écrire un mail de réclamation ou une lettre de motivation. Ainsi le temps consacré aux activités de haut niveau cognitif (analyser, créer, évaluer) se fait en classe et devient prioritaire : l'accent est mis sur le réinvestissement et sur l'utilisation de la langue, du vocabulaire, des méthodes dans le cadre de la tâche finale, dans un contexte réel.

Dans le cadre du FLE ou des langues en général, la classe inversée présente un autre atout : en s'appuyant sur la progression spiralaire en grammaire, on peut utiliser les capsules pour mettre à niveau les prérequis en langue. Lorsqu'un apprenant travaille en autonomie chez lui, il peut mesurer ce qu'il est censé connaître, ce qu'il découvre. Il a l'occasion de revoir les prérequis grâce aux capsules. Face à l'hétérogénéité des groupes d'apprenants, la classe inversée permet de combler certaines lacunes à distance pour que, lorsque les apprenants arrivent en cours, le niveau collectif soit un peu plus homogène. Ainsi, lorsque mes apprenants découvrent en classe inversée le fonctionnement des relatifs composés, je prends toujours la précaution de leur proposer une capsule d'un niveau inférieur, dans laquelle, je rappelle le fonctionnement des relatifs simples, le métalangage utilisé, etc. La plupart du temps, les apprenants sont rassurés car ils peuvent se mettre à niveau s'ils ont des faiblesses par rapport au niveau attendu.

En cours, la classe inversée favorise aussi la pédagogie différenciée car les apprenants ont plus de recul face à leurs compétences grâce au travail fait en amont, chez eux. Ils mesurent ainsi avec plus de précision d'où ils peuvent partir et où ils peuvent aller. Il est donc plus facile de constituer des groupes de travail car ils sentent s'ils ont besoin de consolider un point de langue ou s'ils peuvent avancer et se confronter à un niveau d'approfondissement supérieur.

Auriez-vous des conseils à donner un enseignant qui souhaiterait se lancer dans la classe inversée ?

Se méfier de l'enthousiasme initial, utiliser la classe inversée avec modération car si l'on systématise cette pratique, elle deviendra monotone et le cours de langue perdra de son charme. L'important est de varier les pratiques, de surprendre les apprenants. L'essentiel est qu'ils soient actifs dans leur apprentissage.

Ensuite, oser être audacieux en trouvant une pratique de la classe inversée qui convienne à ses apprenants, en faisant des essais, sans vouloir nécessairement plaquer un schéma tout tracé, imiter un modèle. Il faut garder à l'esprit cette notion de diversité ou de niveaux d'inversion dont parle Marcel Lebrun lorsqu'il évoque LES classes inversées. D'après mon expérience, il est impossible de suivre la même démarche inversée dans une matière scientifique et en langues où l'objet d'étude est précisément le canal de communication.

Et si possible, se lancer dans l'aventure à plusieurs, travailler en petit groupe d'enseignants, pour avoir un regard extérieur sur ses capsules, pour faire varier les voix, pour partager le matériel créé et surtout, pour échanger sur la scénarisation de ses cours.

ENTRETIEN AVEC RODINE EID, CHARGÉE DE COURS À LA FACULTÉ DE L'ÉDUCATION PERMANENTE, UNIVERSITÉ DE MONTRÉAL (QUÉBEC / CANADA)

Rodine Eid a enseigné comme professeur de Français langue seconde (FLS), étrangère (FLE) et Français sur Objectifs spécifiques (FOS) au Liban puis comme Chargée de cours au Québec (Canada) pendant plus de 11 ans. Elle enseigne actuellement à l'École de langues de la Faculté d'Éducation Permanente (FÉP) de l'Université de Montréal (cours de FLS et de Français de spécialité), à l'École Internationale de Français de l'Université du Québec à Trois-Rivières (cours de FLS) et à l'École de langues Bouchereau Lingua International (BLI Montréal) au Québec. Elle est également doctorante à la Faculté d'Éducation de l'Université de Sherbrooke (Québec, Canada). Dans le cadre de son projet de doctorat, elle s'intéresse à l'écriture de textes professionnels en FLS auprès des apprenants universitaires allophones. Elle intègre dans ses cours de langue l'utilisation d'outils technologiques divers et de la classe inversée en contexte universitaire francophone québécois.

Pourquoi avez-vous décidé de mettre en place la classe inversée dans vos cours ?

J'ai découvert la classe inversée grâce à des formations à la Faculté d'Éducation Permanente de l'Université de Montréal pour les enseignants. Depuis, ma méthode d'enseigner le FLS a totalement changé parce que j'étais convaincue de cette nouvelle façon de « faire la classe » de français. Je trouvais qu'enseigner le FLS en contexte universitaire québécois à partir de la méthode de classe inversée permettait une meilleure gestion du temps en salle de classe tout en couvrant le contenu du cours. Les apprenants étaient motivés et comprenaient les notions beaucoup plus facilement. De plus, l'interaction entre les membres du groupe (petit groupe ou grand groupe) poussait davantage les apprenants à participer de manière active, les invitait à partager, à assumer des responsabilités et à travailler ensemble, ce qui rendait le cours de langue plus attrayant et agréable.

Comment cette mise en place s'est-elle faite ?

D'abord, une initiation à la classe inversée s'est faite en classe à partir de capsules vidéo racontant l'expérience d'étudiants ayant appris avec la méthode de la classe inversée. Ces vidéos ont été déposées sur la plateforme StudiUM. Le visionnement a été aussitôt suivi d'un débat autour du sujet. Puis, dès la première séance de cours de Français langue de l'entreprise, j'ai commencé à introduire petit à petit la méthode de la classe inversée à partir des capsules vidéos créés par Cynthia Eid sur les différentes étapes de la création de l'entreprise. Pour chaque étape, les apprenants recevaient préalablement une vidéo explicative. Ils avaient la possibilité de la visionner à distance, chez eux, pour bien comprendre et acquérir les notions spécifiques au monde des affaires avant la rencontre suivante. Ils pouvaient l'écouter et la réécouter attentivement et à volonté, recourir à la transcription s'ils ne comprenaient pas. Lors de la séance suivante, en présentiel, nous échangions autour de la capsule et je m'attendais, au départ, à devoir faire de longues explications comme auparavant, mais non ! Ça roulait tellement bien que cette première expérience m'a apporté son lot de surprises : je voyais les apprenants s'entraider, s'expliquer les notions, revenir vers les capsules diffusées sur la plateforme, se corriger l'un l'autre, réécouter et vérifier des éléments en groupe. Mon travail consistait à circuler entre les groupes, à répondre à quelques questions, à clarifier certaines idées floues quand c'était nécessaire.

Quelle a été la réaction de vos élèves au départ ?

Au départ, les apprenants redoutaient cette façon de travailler. Ils avaient peur de ne pas comprendre, d'être incapables de réaliser les tâches demandées sans la présence continue du professeur. Mais très vite, grâce à l'échange intergroupe via le forum de discussion, aux débats en salle de classe, au matériel conçu et à mon appui, les apprenants ont été rassurés parce qu'ils comprenaient et se plaisaient à communiquer et à échanger de manière professionnelle en entreprise et dans le domaine des affaires (à l'oral et à l'écrit).

Et maintenant ?

Le modèle de la classe inversée est aujourd'hui de plus en plus utilisé à l'Université de Montréal et dans plusieurs établissements d'enseignement au Québec. Après deux ans d'expérimentation personnelle de la classe inversée dans le cadre du cours de Français langue de l'entreprise à la Faculté d'éducation permanente, je peux dire que mes apprenants apprécient cette manière « vivante » de travailler la langue à la fois à l'oral et à l'écrit. Ils apprennent plus et préfèrent cette méthode à l'enseignement traditionnel. Ils apprécient les efforts qu'ils font parce qu'ils sont récompensés par une belle réussite et sont conscients d'être devenus responsables de leur propre apprentissage.

Comment se passe le cours en présentiel ?

Après avoir visionné tranquillement chez eux et à volonté, à partir de leur compte StudiUM, les capsules vidéos déposées sur la plateforme, ce qui leur permet d'en prendre connaissance à leur rythme, après avoir lu et compris les documents courts, cherché le sens de certains termes incompris, accompli certaines tâches demandées pour le cours suivant, les apprenants sont placés en petits groupes en classe, ils échangent autour de la conception fictive d'une entreprise au Québec. Ils doivent créer leur entreprise en respectant les étapes que celle-ci exige. Le travail est réparti entre tous les membres du groupe, ceux-ci échangent et partagent leur opinion, communiquent les informations recherchées, complètent certains documents et répondent à des questions en lien avec l'étape de la création de l'entreprise.

Quels sont les obstacles que vous avez rencontrés ? (administration, apprenants, collègues, technologie…)

Les obstacles rencontrés en contexte du Français langue de l'entreprise sont généralement en lien avec un manque de motivation des apprenants. Ces derniers éprouvaient alors de la difficulté à changer leur façon de travailler, à devenir autonomes et actifs dans une classe de français la langue de l'entreprise, à être créatifs quant à la création de leur entreprise fictive et à l'acquisition du lexique de l'entreprise, à la création de leur carnet de bord tout au long du cours. Un autre obstacle majeur est la « non motivation » d'un moment à l'autre. Cela s'est très vite estompé en variant les activités en classe et en piquant la curiosité des apprenants grâce aux sujets abordés dans des capsules vidéos ou des témoignages vivants, tirés de la vie réelle.

L'administration, les collègues et la technologie ont joué un rôle majeur dans ce contexte : ils ont contribué à la mise en place réelle et directe de l'enseignement par la méthode de la classe inversée. Les formations fournies aux enseignants et aux enseignantes de langue, la présence d'un local équipé d'outils numériques, d'un laboratoire de langues accessible en permanence (en présentiel sous réservation), d'une plateforme (StudiUM) pour l'enseignement apprentissage du français sont des éléments indispensables à la réussite de mes classes inversées.

Qu'apporte la classe inversée à votre cours ?

La classe inversée a donné beaucoup plus de place à chacun de mes apprenants contrairement à la classe « traditionnelle », où l'enseignant occupe toute la place en transmettant les connaissances. Maintenant, l'enseignant est plutôt un « coach », un accompagnateur, un facilitateur dans l'apprentissage, il change sa méthode d'enseigner en intégrant l'apprentissage en ligne et les outils d'aide numériques. Il cède sa place au profit de celle de l'apprenant.

Dans mes classes inversées les apprenants sont au centre de leur apprentissage, ils sont motivés, enthousiastes de découvrir et d'apprendre. Ils collaborent avec l'enseignant qui est là pour les encadrer et les aider au besoin ou lorsque les choses se compliquent pour eux. De plus, dans ma classe inversée, l'apprenant est actif. Il a appris à résumer une capsule vidéo, à extraire les éléments importants, à retenir les mots clé seul, à s'efforcer de comprendre les tâches demandées, à recourir aux outils d'aide et aux sources mis à sa disposition (technologiques ou non), à aller vers l'autre (son binôme, ou les autres membres du groupe) pour approfondir sa compréhension ou à chercher à comprendre une idée incomprise. Il a appris à se responsabiliser. Avant, c'était tout le contraire. L'apprenant était passif, recourait sans cesse au professeur, sans avoir ni la volonté ni l'envie d'apprendre et de s'autocorriger.

Auriez-vous des conseils à donner un enseignant qui souhaiterait se lancer dans la classe inversée ?

Mes conseils seraient pour les enseignants de se former (à l'aide de formations pédagogiques offertes ou de guide mis à leur disposition), de recourir à des enseignants ayant expérimenté cette méthode, avant de se lancer dans la classe inversée pour l'intégrer de manière professionnelle et efficace. Pour réussir sa classe inversée, il faut prendre le temps de préparer ou concevoir le matériel didactique efficace, sur mesure et approprié aux apprenants pour répondre à leur besoin. Prendre en considération les forces et les faiblesses du groupe-classe que l'enseignant est chargé d'accompagner.

CONCLUSION

Parmi les démarches interactives du xxe et du début du xxie siècle, pour rendre les cours plus interactifs, s'impose la classe inversée ou « *inverted/flipped classroom* ».

Si nous avons utilisé tout le long de l'ouvrage la classe inversée au singulier c'est pour des raisons de simplification ! Force est de rappeler (comme mentionné dans le chapitre 1 qu'il y a autant de classes inversées que d'inverseurs. Ainsi, le pluriel « classes inversées » est plus fidèle puisqu'il met en lumière la variété des façons de faire versus une seule façon, la même pour tous.

Cette démarche ou plutôt cette *philosophie de classe inversée* aurait vu le jour, selon certains, en 1997 avec la méthode d'enseignement par les pairs d'Éric Mazur qui a imaginé une méthode d'enseignement sans aucun exposé magistral ni même examens « *No lectures, no exams* ». D'autres en attribuent la paternité aux expériences de Jonathan Bergman et Aaron Sams, qui eurent l'idée de créer des séquences (avec des capsules vidéo) pour aider certains de leurs élèves à réviser chez eux puisqu'ils ne pouvaient pas toujours venir en cours.

La philosophie de classe inversée est à la portée de tout enseignant, car son appropriation est fondée sur la reformulation de ses pratiques pédagogiques. Au fond, la visée reste la même : faire progresser et évoluer l'apprenant avec des outils et une méthodologie qui transforment le rapport au savoir.

Pour Marcel Lebrun, l'idée essentielle de la classe inversée « ne réside pas dans la médiatisation numérique des cours, mais dans la volonté de retrouver du sens à la présence, à la rencontre entre les élèves et avec l'enseignant-[facilitateur]. »

Face aux pédagogies actives, des résistances liées à leur utilisation sont à mentionner. Selon Garvin[1], ils peuvent être classés en 4 catégories.

1. **Une démarche coûteuse**. Cette pédagogie favorise la diminution du nombre d'élèves par classe et l'augmentation du nombre d'enseignants... par conséquent c'est une démarche certes coûteuse, mais elle doit permettre les échanges et les discussions entre les élèves.

2. **La sécurité de la part des enseignants** de bien mener leur classe et d'avoir de nouvelles responsabilités qui se rajoute à la crainte de déstabiliser les élèves qui doivent être acteurs de leur apprentissage.

3. À cette peur, s'ajoute **la personnalité du formateur**-[facilitateur] qui devrait remettre en question ses compétences, ses connaissances et son rôle qui change.

4. Enfin, **un investissement considérable en temps** : outre les corrections et les évaluations, le professeur-facilitateur doit préparer son cours dans une pédagogie « inconnue ».

---

[1]. Christensen, R., Garvin, D., Sweet, A., Former à une pensée autonome, la méthode de l'enseignement par la discussion, Bruxelles, De Boeck, 1994, p. 6-8.

Outre la classe inversée, la classe « renversée » fraie de plus en plus son chemin dans les pédagogies actives, une démarche développée par le professeur Jean-Charles Cailliez[2]. Dans la classe renversée ou pédagogie en « *do it yourself* » (DIY), la situation est différente. Contrairement à la classe inversée, aucun support de cours n'est distribué aux étudiants, ni livres, ni polycopiés, ni liens numériques. Le cours magistral est remplacé par une méthodologie qualifiée de « 100 % étudiants, 0 % enseignant » s'il fallait caricature, comme le dit Cailliez lui-même !

L'enseignant simple « lecteur » et animateur d'un cours devint enseignant/ingénieur pédagogique qui imagine et réalise un dispositif d'apprentissage qui va conduire l'apprenant à s'approprier les savoirs. L'objectif reste celui de la classe inversée, c'est-à-dire de faire travailler les apprenants en présentiel de manière plus collaborative, avec une approche socio-constructiviste. Il est réalisé en utilisant les outils numériques qui se développent sans cesse dans les écoles et facultés.

La classe renversée est également une pédagogie qui se conjugue bien avec l'ère « co » et de « l'open ». On s'y réfère par les termes de « co-working », de « co-design » de « co-élaboration », de « collaboration », etc. Elle se rapproche du « deuxième modèle » (ou niveau 2) de la classe inversée tel qu'il a été décrit par Lebrun, mais dont la phase de production de ressources est ici animée en classe par l'enseignant, c'est-à-dire en face-à-face et non à distance. Il revient alors aux étudiants de produire ensemble la totalité du cours et de la travailler avec le professeur-facilitateur pour son apprentissage, un peu comme s'ils étaient tous devenus autodidactes !

Elle s'inspire de ce que Albert Einstein disait « Je n'enseigne rien à mes élèves ; j'essaie seulement de créer les conditions dans lesquelles ils peuvent apprendre. »

En guise de conclusion à cet ouvrage, avec Catherine Becchetti-Bizot nous disons : ni la classe renversée, ni la classe inversée ne sont un modèle ou une panacée ; ce sont des philosophies empiriques et évolutives qui regroupent une variété de pratiques pédagogiques actives.

Face à ces constats, nous confirmons avec Lebrun que l'approche de la classe inversée « *est à la fois une petite révolution par rapport à l'enseignement dit traditionnel (le magistral, l'enseignement ex cathedra) et une piste d'évolution acceptable et progressive pour les enseignants qui souhaitent se diriger vers une formation centrée sur l'apprenant, ses connaissances et ses compétences.* »[3]

---

[2]. Jean-Charles Cailliez, vice-recteur de l'innovation à l'Université Catholique de Lille. Cette expérience n'est pas isolée. Elle est menée dans le cadre d'un programme d'innovation pédagogique à l'Université Catholique de Lille et fait partie des nombreuses initiatives choisies pour faire bouger les lignes en matière d'innovation et dont beaucoup sont basées sur les changements de postures comme ceux constatés dans les classes inversées.

[3]. Marcel Lebrun, « Classes inversées, Flipped Classrooms... ça flippe quoi au juste ? » <http://lebrunremy.be/WordPress/?p=612>.

LES AUTEURS

Cynthia EID

Passionnée par l'enseignement, Cynthia Eid, titulaire d'un doctorat en Sciences de l'Information et de la Communication (SIC), option ingénierie de l'enseignement/apprentissage des langues étrangères, Université Lille Nord (France), est professeur de didactique et de FLE/FLS. Elle a exercé dans le Canada francophone et anglophone, aux États-Unis, en France et au Moyen Orient. Elle a aussi occupé des postes administratifs : directrice de l'École française de Middlebury aux États-Unis, conseillère pédagogique au vice rectorat adjoint aux études, services de soutien à l'enseignement, Université de Montréal, Canada, et vice-présidente aux relations internationales au Liban.

Cynthia EID est également vice-présidente de la Fédération internationale des professeurs de français (FIPF) et doyenne de l'École de formateurs et directrice de la pédagogie et de l'innovation au sein du groupe IGS. Elle est auteure de plusieurs ouvrages et de nombreux articles en pédagogie.

Twitter : @eidcynthia – Blog : http://eidcynthia.wixsite.com/cynthia

Marc Oddou

Formateur de formateurs, consultant, auteur et fondateur de « MOddou FLE », il travaille depuis plus de 15 ans sur le thème des compétences des enseignants à l'ère du numérique. Il a conçu, réalisé et géré des projets numériques pour différentes institutions et maisons d'éditions. Après avoir occupé le poste d'enseignant de français langue étrangère en Espagne (2001-2006) ainsi que celui de responsable pédagogique TICE dans un lycée bilingue à Istanbul (2014-2016), il est aujourd'hui directeur des cours pour l'Institut français en Haïti. Formateur à son compte ou expert associé pour le CIEP dans de nombreux pays, il a également été responsable des deux premières éditions du Printemps numérique international à Istanbul (2015 et 2016) et a lancé et co-organisé en Roumanie le PIF, Printemps de l'innovation du français (2017 et 2018). Il est co-auteur dans la même collection de l'ouvrage *Pratiques et projets numérique en classe de FLE.*

Twitter : @Oddoumarc et @MOddou – Blog : www.moddou.com

Philippe Liria

Après avoir été enseignant de français langue étrangère (FLE) dans la région de Barcelone, Philippe Liria est devenu formateur de formateurs puis auteur et éditeur d'ouvrages FLE. Depuis plus de 15 ans, il parcourt le monde à la rencontre des professionnels du français, anime des ateliers portant sur des thèmes tels que l'approche actionnelle, le projet en classe de langue, la gestion de la classe, la place du numérique en classe, etc. et fait la promotion de matériel didactique de FLE. Il anime également un blog (Le blog de Philippe Liria) où il publie régulièrement des articles sur l'actualité du FLE. Dès 2012, il commence à s'intéresser à la classe inversée et contribue à en diffuser les principes à travers son blog et ses ateliers.

Twitter : @ph_liria_fle – Blog : https://philliria.wordpress.com/

Crédits photos

Couverture (de gauche à droite) : ©vectorfusionart / adobe stock ; © andreaobzerova / adobe stock ; © Andrey Popov / adobe stock

Imprimé en France par EPAC Technologies
N° d'impression : 4550414324819
Dépôt légal : novembre 2018